U0142701

臺灣的財政治理
緊縮時代政治經濟、財務管理與公民課責之研究

蔡馨芳　著

　　記得在修讀博士課程期間，對於選擇研究領域及課題的哲學，彭文賢老師用「一峰突出眾山環」這七個字提醒我們，於是開始思索應該找哪個課題作為未來學術生涯「突出」的那一「峰」呢？考量過去的學習及專業基礎，加上當前國家財政課題的重要性，於是決定以「臺灣預算赤字之政經研究」為題，撰寫博士論文。在這段靜心大量閱讀文獻的過程中，幫助我對臺灣財政環境及狀況有更深刻的瞭解，完成博士學位開始教學研究生涯之後，便確立以政府預算與財政為未來主要的研究領域。

　　在閱讀財政文獻時，「財政為庶政之母」是最常被使用的起始語，意謂著政府每天為民眾所做的各項事務都是以「財政」為基礎，政府必須要有足夠的收入，才能支應各項國家建設及公共服務的提供。事實上，近年來臺灣各級政府的財政狀況，與其他世界各國遭遇到相同的困境，就是長期財政失衡問題。這也是當前財政環境的基本問題，因此無論在進行研究計畫的申請，或是參與學術研討會，持續針對此一問題進行不同面向的探索及研究，累積了不少的研究成果。2013至2015年分別以「臺灣地方政府財政狀況衡量系統之建構及評估」、「財政緊縮時期公部門裁減管理之研究」及「績效審計之影響及課責回應性研究」為題，獲得科技部專題研究計畫之補助，研究成果於不同的學術研討會進行發表及討論，加上其他與財政及預算相關之課題研究，在2011至2016年間共計發表22篇相關的研討會學術論文，其中5篇論文經過審查後，刊登在學術期刊中。本書彙集過去針對政府財政之研究課題及成果，提出系統性架構加以整合，描繪及分析近年來臺灣在財政治理所面臨的問題及現象，除了提供對國家財政課題有興趣的研究者及學習者作為研究、教學及學習之參考外，同時也作為過去六年學術生涯的註腳及里程碑。

本書得以順利完成，首先感謝科技部研究經費的支持，讓我擁有資源在預算與財政領域中專心進行研究，在執行專題研究的過程中，感謝擔任研究助理的張婷瑄、陳宣嘉、周晴萱、曾宏燁、趙浩瑄及支韻晴等同學，協助文獻及研究資料的蒐集與整理，有他（她）們的用心幫助，研究計畫才得以順利執行並產生預期的研究成果。雖然「學問成於寂寞」，但感謝中國文化大學行政管理學系余小云主任、所有師長及助教，讓我在一個充滿支持及溫暖的環境中進行教學及研究工作，即便常常飽受塞車之苦，還是能在優美的校園中不斷成長與精進。同時，培育我學術能力的世新大學行政管理學系恩師徐仁輝教授及郭昱瑩教授，以及臺灣大學公共事務研究所所長蘇彩足教授，在預算與財政的研究領域中，不斷持續指導、協助及提攜，幫助我在學術及研究之路走得更順暢更穩健，是我最要感謝的貴人。

加入中國文化大學行政管理學系的大家庭已經進入第六年，每週數日奔波於木柵及陽明山之間，身兼數種身分的我必須同時顧及家庭、教學、研究及服務等工作，常有力不從心的感慨；無數個週末假日，為了能專注完成工作，藏身於圖書館的某個角落，嚴重忽視母親及妻子的責任，感恩家中有位善體人意的先生，在同樣繁重的學術工作之餘，幫助我分擔許多家事，減少許多壓力；還有一對懂事乖巧的兒女，默默的安排生活作息，盡量不給我帶來困擾，家人的支持及付出，是這本書可以完成付梓的最大後盾。

最後，本書的出版還要感謝五南圖書法政編輯室劉靜芬副總編輯的鼎力協助，及責任編輯吳肇恩小姐的用心校對與編輯，有她們的幫助，本書才能順利出版。書中難免有錯誤及疏漏，尚祈讀者先進不吝指正。

謹將此書獻給我最想念的父親，雖然他已離開多年，總還能感受到他默默的守護著我；以及我最偉大的母親，因日益年邁而忍受病苦，卻總是心心念念著兒女，努力照顧好自己不讓我們操心。親恩浩大，無以為報，以微薄的努力成果來感恩他們。

蔡馨芳　於翠谷‧華岡

目　錄

第二篇　財務管理面向
──地方財務狀況評估與裁減管理策略

第三篇　公民課責面向──財政透明與績效審計

圖目錄

表目錄

　　公共行政學者Nicholas Henry在其2015年修訂的第12版行政學教科書《公共行政與公共事務》（Public Administration and Public Affairs）中，對於行政學典範的介紹，除了過去的五種典範[1]之外，加入第六個典範：治理（Governance）（1990迄今），闡述1990年代以後，隨著科技、溝通及經濟全球化的轉變，政府的權力及角色快速轉變，形成公共行政學術研究焦點的趨勢。他觀察到美國各級政府正逐漸將其傳統的責任及任務轉移給其他部門，如：個別公民、公民團體、非營利組織及企業、政府相關機關及其他政府，或以公私協力的方式提供公共服務等，因而不禁要問：「國家萎縮了嗎？」（"Wither the State?"）[2]。事實上，政府角色轉變的現象不僅發生在美國，治理的統治模式正在全球快速崛起，完成統治人民及遞送公共利益的任務模式已由政府的科層控制模式（hierarchical government）轉變為各部門協力方式的水平統治模式（horizontal governing）[3]。過去政府統治強調制度（institution），而現今的治理則不僅強調制度，還重視合作網絡（networking）。

　　治理時代的崛起，可追溯至新公共管理運動風潮，以提升政府效率為改革目標，倡議公共組織市場化，將競爭概念注入公共組織中，因此民

---

[1] 典範一：政治與行政二分（1900-1926）；典範二：公共行政原則（1927-1937）；典範三：公共行政即政治科學（1950-1970）；典範四：公共行政即管理學（1950-1970）；典範五：公共行政即公共行政（1970迄今）。

[2] Henry, N. (2015). Public Administration and Public Affairs. Routledge. Ch2.

[3] Carolyn J. Hill, (2005). "Is Hierarchical Government in Decline? Evidence from Empirical Research,"Journal of Public Administration Research and Theory15, pp. 173-196. The quotations are on p. 173.

營化、契約外包等管理工具的運用提供了其他部門更多遞送公共服務的機會；而Ansell & Gash兩位學者在2008年以不同政策領域的137個協力治理個案進行後設分析，結果發現治理的統治模式似乎也運作得不錯[4]。特別是近年來政府財政受經濟衰退衝擊，面對公共資源相對困窘，但服務需求卻日益增加的情況，政府必須借助其他部門資源，共同協力來提供公共服務的情況成為不得不然的決策。

傳統公共預算與財務管理的決策過程，行政部門在預算編製階段負責資源配置規劃，在執行階段進行預算分配，審議階段行政與立法部門的互動本就存在政治角力過程；在財政緊縮時期，預算過程的複雜性及面臨的挑戰性就更大了。臺灣自1990年代以來，各級政府長期處於收支失衡的情況，作者基於對臺灣國內財政失衡現象研究的關注及興趣，近年來主要的研究課題均聚焦於此，參與政治與公共行政領域舉辦之國內外學術研討會，包括：臺灣公共行政與公共事務系所聯合會（TASPAA）年會暨學術研討會、臺灣政治學會（TPSA）年會暨學術研討會、中國政治學會（CPSA）年會暨學術研討會、兩岸四地公共管理學術研討會、臺滬公共管理論壇等，從不同的面向發表關於此課題之相關研究，希望藉由本書之出版，將過去之研究成果做系統性彙編，分享研究成果及啟發，提供對此研究領域有興趣的讀者相關智識及研究基礎，以利財政研究之延續及知識累積。

本書內容分為三大部分，第一篇集結由政治經濟面向探討臺灣近年來財政環境轉變的兩篇學術論文，經由臺灣財政永續條件之實證檢驗，反思當代政府的角色；提供不同於傳統預算決策理論的思考模式，探討充滿政治的預算決策過程中，面臨財政失衡的壓力之下，預算決策模式的實然面。近十幾年來全球化風潮襲捲，都市發展及交流成為臺灣與國際接軌的重要平台與管道，但臺灣地方財政失衡的情況尤其嚴重，因此本書第二篇

---

[4] Chris Ansell & Alison Gash, (2008)."Collaborative Governance in Theory and Practice," Journal of Public Administration Research and Theory 18, pp. 543-571.

乃由財務管理面向剖析地方財政困窘的相關問題。首先，針對長期處於財政失衡情況的地方政府，應用類似企業財務報表分析之技巧，提供客觀的財務狀況評估指標，以利定期評估地方財務狀況，作為地方相關財政措施之參考。同時，中央政府陸續施行之地方財政健全方案，對都市當前所採行之公共財務管理策略是否產生實質影響力，是第四章的主要研究問題。此外，隨著臺灣公民意識的抬頭，公民團體蓬勃發展，若干官僚浪費公帑、蚊子館林立，甚至貪腐之情事被媒體揭露，激發公民之權利意識及參與意識，因此本書第三篇的兩個章節係由公民課責面向探討民眾監督政府公共資源（預算）使用之核心機制——財政透明，檢驗目前臺灣符合財政透明規範的現況；而審計是財政制度中基於制衡精神而設計之課責方式，惟課責是否真的能幫助行政機關提升施政績效呢？此為本書最後一章欲探討的問題。

接下來，逐一簡述本書收錄之各章節學術論文之發表歷程及研究目的。首先，第一章「臺灣財政永續性之研究：政府角色的反思」一文，初稿發表於2012年臺灣公共行政與公共事務系所聯合會（TASPAA）暨國際學術研討會「永續治理：新環境、新願景」（2012年5月26-27日），後經學術審查修改後，2013年3月刊登於《公共行政學報》[5]中，此文以政府角色觀點檢視財政政策持續之必要性，過去多數國家服膺凱因斯主義之主張，強調政府在經濟衰退時應採用赤字預算措施，積極介入市場來刺激景氣。臺灣過去二十年來，政府長年依賴舉債支應財政赤字，債務持續累積，致使財政情況加速惡化，本文以時間序列分析之研究方法，檢驗臺灣近年來總體財政變數是否仍滿足財政永續之條件，作為政府財政政策是否持續之判準及參考。

第二章「臺灣財政失衡下之預算決策分析：政治經濟學之詮釋」一文，初稿曾發表於2012年中國政治學會年會暨「劇變中危機與轉機：全球治理的發展與困境」學術研討會（2012年11月17-18日），後經審查及

---

[5] 《公共行政學報》，第44期，頁41-72。

修正，2015年8月刊登於《民主與治理》[6]期刊中。主要探究影響臺灣歷年來出現結構性財政赤字常態的政治、制度因素，以新制度經濟學途徑，運用詮釋型的政策分析方式及深度訪談之質性研究工具，探討國家預算決策中「預算過程」、「預算紀律」及「預算監督」之問題，解釋當前臺灣以權力為主要分配資源的政治手段逐漸凌駕以效率為價值經濟手段的現象。

　　第三章「臺灣地方政府之財務狀況分析」一文，曾分別發表於2014年第十屆兩岸四地公共管理「城市化進程中的公共治理：理論與實務」學術研討會（2014年5月17-18日）及2014年臺灣公共行政與公共事務系所聯合會（TASPAA）年會暨「政府治理與公民行動」國際學術研討會（2014年5月24-25日），修改後刊登於2014年《中國地方自治》[7]期刊中，為行政院國家科學委員會補助102年度專題研究計畫「臺灣地方政府財務狀況衡量系統之建構及評估」（計畫編號：NSC 102-2410-H-034）研究成果的一部分。本文基於提升地方公共預算及財務決策品質，提高政府財務規劃及管理能力之動機，應用企業財務報表分析技巧，選擇四個財務面向的若干財務狀況指標，針對22個地方政府（包括直轄市）進行財務狀況之診斷及評估。

　　第四章「財政困境下臺灣都市公共財務管理策略之探討」一文，發表於2015年臺灣公共行政與公共事務系所聯合會（TASPAA）年會暨「建構永續與公平的社會——公共行政的角色與挑戰」國際學術研討會（2015年5月22-23日），為科技部103年度補助專題研究計畫「財政緊縮時期公部門裁減管理之研究」（計畫編號：MOST 103-2410-H-034-024）之部分成果。此論文討論臺灣自2000年開展一連串地方財政分權的改革及制度建立，都市力爭財政自主之呼聲，但仍無法跳脫「中央集權、地方依賴」的財政關係。多數重要都市的財政收支仍處於長期失衡狀態，不僅自主財源嚴重不足，地方支出增加及非法定福利政策持續成長快速，使地方財政狀

6　《民主與治理》，第2卷第2期，頁83-114。
7　《中國地方自治》，第67卷第8期，頁18-42。

況益發惡化。採用既有統計資料分析法為研究方法，探討臺灣主要都市在緊縮時期回應民眾服務需求之策略工具運用。

第五章「財政透明與公民參與：臺灣公開預算指數之評量」一文，曾分別發表於2013年「展望臺灣第三部門：非營利組織社會創新及其挑戰」學術研討會（2013年9月28日）及2015年「兩岸四地廉能治理」學術研討會（2015年4月17日），本文秉持著政府資源取之於民，須向社會大眾公開財務政策目的、財務與預測等資料，乃政府良善治理基本條件之理念，採用「國際預算夥伴」（International Budget Partnership, IBP）所設計之「預算公開調查」（Open Budget Survey, OBS）問卷題項、過程及步驟，模擬評量臺灣預算公開程度及預算案編製過程資訊揭露的現況，並進行跨國及區域比較。

第六章「課責是否能提升績效？臺灣政府審計影響之探討」一文，為本書作者104年執行科技部補助專案研究計畫「績效審計之影響及課責回應性研究」（計畫編號：MOST 104-2410-H-034-010）之部分成果。初稿發表於2016年臺灣公共行政與公共事務系所聯合會（TASPAA）「臺灣公共行政的自省與躍升」線上學術研討會（2016年6月24-25日）。經學術審查修改後，2016年10月刊登於《文官制度季刊》[8]期刊中，政府審計為國家治理不可或缺的一環，能有效促進良善國家治理，本文採用量化內容分析，針對國家審計機關所公布之績效審計報告，解讀其對行政機關提供公共服務效能所造成之影響，以回答下列研究問題：課責真的能提升績效嗎？抑或只是吹毛求疵，針對小錯誤窮追猛打並加以懲罰，最後侵蝕公眾對政府信任的課責矛盾呢？

最後在結論的章節，將統整本書各章節之重要結論，對當代臺灣之財政治理，在經濟緊縮的現實環境之中，由政治經濟、財務管理及公民課責等不同面向，做全觀性之摘要論述，並提出政策建議及敘明研究限制，期待對於臺灣財政研究之學術發展及財政實務運作略盡棉薄之力。

---

[8] 《文官制度季刊》，第8卷第4期，頁75-101。

第一篇
政治經濟面向──財政
永續、緊縮預算決策與裁減管理

壹、經濟衰退對財政永續之衝擊

根據經濟合作發展組織（OECD）於2010年所公布之統計資料顯示，主要工業國家（G7）除了加拿大之外，其他國家財政皆已長期處於預算赤字困境之中。特別在2008年之後，所有主要國家因受到美國爆發金融危機並逐步擴散之影響，財政赤字快速上升。美國國會預算局（CBO）公布資料顯示，2011年聯邦政府預算總赤字將達1.5兆美元，占GDP比例9.8%，預期2012年預算赤字將達到1.1兆美元，占GDP比為7.0%（CBO, 2011: 2）。美國政府解決赤字之能力受到質疑，國際評級機構標準普爾，將美國主權信用前景展望從「穩定」下調至「負面」，影響到投資者對美國政府解決赤字的信心，並對全球經濟前景產生疑慮及擔憂。

此波金融海嘯所引發之全球經濟衰退，不僅造成美國財政困境，歐盟國家相繼出現前所未見的財政信用危機，迄今仍然餘波盪漾。2009年底杜拜爆發國家債信危機、接著南歐國家包括希臘、義大利、西班牙、葡萄牙等國因長期處於債務高築[1]情況，債務違約風險陡升，國家財政岌岌可危。以往，各國政府受到凱因斯學派觀點提供角色正當性理論之影

---

[1] 根據OECD於2009年所公布之政府債務資料，希臘於1995起國家債務占GDP比已超過100%，到2011年止國家債務將會達到GDP的130.2%；義大利的國家債務情況也很嚴重，近二十年來，國家債務占GDP的比例長期皆高於100%，每年全國生產總值都不足以償還債務，財政狀況存在高風險。

響，在市場經濟景氣波動之際，義無反顧地扮演「權衡性」[2]角色，以維護國家經濟成長及穩定。惟採行反循環財政政策（countercyclical fiscal policy）之代價，可能是國家長期財政穩定。特別是在國家債務水準偏高時，脆弱的財政力將使政府面臨「內憂財政困難，外患經濟衰退」的兩難困境。景氣衰退時期，倘若擴張性財政政策不持續運用，勢必無法發揮反循環效果；然而政府投入大量財政資源企圖刺激景氣的結果，可能致使國家債務快速累積，反過來拖累政策穩定經濟之能力（Marinheiro, 2006: 155-156）及國家財政健全。因此，近幾年來財政永續性（fiscal sustainability）及政策持續性（policy sustainability）議題受到全球各國政府及學界高度關切與討論。

受到金融風暴擴散影響，2008年全球經濟總體需求快速減少，導致我國出口呈現衰退情況[3]，整體經濟面受到不小衝擊，失業率攀升。爲因應全球景氣衰退之變化，行政院積極規劃各項長、短期振興經濟之財政政策，力圖活絡景氣，創造更多就業機會。然而，財政政策的推動，政府必須忍受得了短期的財政赤字，以期換來經濟復甦及財政收入以彌平財政缺口。當財政相對脆弱時，國家須付出的代價及風險便相對提高。

臺灣各級政府財政收支情況，自1990年代以來，除了1998年出現財政賸餘外，幾乎連年呈現預算赤字。長期觀察臺灣財政狀況趨勢，一方面租稅負擔率逐年下降，由1980年代超過20%降至目前僅占13%左右，低於大多數OECD國家；另一方面歲出比例居高不下，除了長期經濟建設之龐大支出之外，民主發展及選舉因素促使各類權益性支出逐年攀升，造成財政收支結構僵化，形成長期性結構性預算赤字。預算收支失衡仰賴政府發行公債或借款支應的結果，中央政府累積之未償債務餘額占前三年GNP平均數之比，呈現長期上升趨勢（如圖1-1）。1988年時債務占GDP比低

---

[2] 凱因斯主義認爲，貨幣政策與財政政策應「反循環而行」，當經濟呈現過熱現象，政府須干預減少需求，抑制投資與消費；當經濟邁入衰退時，政府應設法刺激總需求，增加投資與消費，此種政策稱爲「權衡」之總體經濟政策。

[3] 2008年12月及2009年1月，臺灣的出口總值較前一年同月分別減少41.9%及44.1%。

於3%，2012年時已逼近40%，累積速度非常之快。因此，在可預見的未來，想要達成財政收支長期平衡之目標，是一項嚴峻的挑戰。

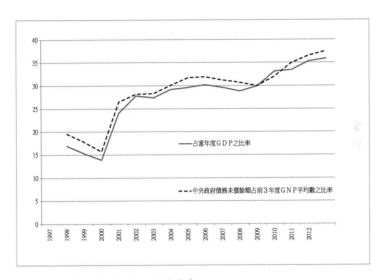

資料來源：財政部國庫署、行政院主計總處。

圖1-1　中央政府未償債務餘額占GDP及GNP之比率

　　有別於傳統短期年度平衡之財政管理概念，「財政永續」是強調經濟社會長期發展平衡之觀念，即各國政府財政收支在可見的未來中符合跨期預算限制（intertemporal budget constraint）條件，亦即學者Barro（1986）所指的「跨期預算平衡」條件。換言之，若國家財政符合跨期預算限制條件，預算赤字或債務只是短期現象，只要維持穩定的租稅政策，景氣反轉後稅收增加，財政終將恢復平衡；反之，則表示政府赤字太大，收支長期失衡，財政政策有檢討修正之必要。因此，跨期預算平衡條件，不僅可被視為國家財政永續性之指標，亦可藉以判斷財政政策之可持續與否。

　　爰此，本章旨於驗證臺灣長期財政收入與支出之間是否符合跨期預算

限制條件，探尋下列研究問題：（1）臺灣之財政收支是否滿足長期均衡條件？（2）財政赤字規模是否已太大？（3）當代財政政策是否有修改檢討之必要？（4）政府應該繼續扮演積極「成長領航者」的角色，還是回歸保守的「市場守護者」角色？以釐清臺灣財政收支是否仍維持長期穩定之關係，作為判斷財政政策持續性之依據。

貳、財政永續性及政策持續性

　　早期各國政府基於財政穩定，對於傳統「維持年度財政平衡」之規範奉行不悖，政府財政多居於穩健狀態。隨著民眾對於公共服務的質與量要求日增，政府功能擴張，支出大幅增加而收入卻無法同步成長，多數國家開始逐漸無法達成年度收支平衡之財政目標，1990年代以來收支失衡漸成常態，須仰賴舉債來維持政府運作。2009年發生全球金融危機後，國債的嚴重問題浮上檯面，財政情況更是雪上加霜，若干國家政府首度經歷和企業一樣可能面臨「破產」的處境。因此，長期平衡之「財政永續」概念，成為政府建構穩健財政政策之重要理念及目標。

　　「財政永續性」是自1980年代後期至1990年代後再度浮現之重要議題，Zee（1988: 666）認為財政永續性概念之提出，起初只是一種實然概念，之後才被注入規範考量。基於實證概念，他指出「永續」係指一種「穩定」的狀態，基本上，學者們對於財政永續性之定義，理論本質上大致相同，研究途徑之不同主要係在於對財政失衡關注的焦點不同。學界對於財政永續性之討論，一般分為兩種不同研究途徑，一是採用債務觀點來定義，稱為債務永續性（debt sustainability）觀點；另一則以赤字觀點來描述財政永續性，稱為赤字永續性（deficit sustainability）觀點，前者強調對國家債務之穩定性，後者則重視財政收支之長期均衡。無論「債務永續」抑或「赤字永續」觀點，論述中均一致認同財政永續概念與政策持續性有其密切關聯性。

　　採用債務觀點來定義財政永續之論述，強調政府償債能力，學者Zee將財政永續性定義爲：「不考慮非預期外在衝擊之下，能讓經濟體系往長期穩定狀態收斂的一項『可承受之公共債務水準』」。倘若超過此可承受之公共債務水準，則表示財政不具永續性（Zee, 1988: 666; Burger, 2003: 13）。國際貨幣基金（IMF）（2007）也持類似觀點來定義財政永續性：「倘若政府之權債人未來無需大幅變動其所得及支出之餘額，而預期能夠持續收到政府支付之債息時，便表示這套政策具有永續性」。同樣持此觀點之學者Blanchard（1993）由政策持續性之考量來解釋財政永續性，認爲討論財政永續之核心議題係基於公共債務沒有劇烈變動情況下，考量當前財政政策是否能持續下去的問題。倘若公共債務突然遽增，政府則必須採取增加租稅、減少支出、發行貨幣等政策來因應；反之，倘若公共債務穩定，財政政策便具有持續性（Blanchard, 1993: 309; Burger, 2003: 12），認爲「具永續之財政政策」（sustainable fiscal policy）即爲「確保債務與GDP比會收斂至原始水準之政策」（Blanchard et al, 1990a: 11）；並指出財政永續性概念，基本上就像是「良善的政府管家工作」（good housekeeping）一般，監控著目前的財政政策，避免政府走向過度債務累積之危險情況。

　　不同於Blanchard將公共債務水準視爲財政永續之監控指標，Easterly & Schmidt-Hebbel兩位學者雖認同Blanchard的看法，他們卻認爲「可承受之赤字水準」（sustainable deficit levels）才是研究重點，並指出可承受之赤字水準與穩定的債務占GDP比是一致的（Easterly & Schmidt-Hebbel, 1991: 37; 1994: 68-70）。學者Burger（2003）統整債務永續之學界論點，認爲各方論述雖強調公共債務之穩定性，Zee對財政永續之定義較Blanchard及Easterly & Schmidt-Hebbel來得廣泛，其所強調的仍是公共債務不能超過可承受之水準。同時Zee還更進一步說明財政永續性與政策持續性之關係，公共債務之持續增加並不代表財政政策不具持續性，只能說是財政政策無法持續之症狀，主要原因還是來自於政府收入及支出結構的問題（Burger, 2003: 13）。換言之，預算赤字才是問題眞正的關鍵。

　　目前廣被學者們採用的赤字永續性觀點，主要以Barro（1979, 1986）提出之「跨期預算限制」（intertemporal budget constraint）長期均衡概念爲基礎：「若未來政府財政收支餘額現值等於目前債務水準時，則表示當前之政策是可持續的」（Krejdl, 2006: 4-5）。赤字永續概念所引申出之重點，其實是「以債養債」（Ponzi Game）[4]及「代際負擔」之長期觀點。倘若政府不需永遠依靠「以債養債」方式來融通赤字，即當前赤字可由未來增加收入來彌補時，即表示今日政府未償債務餘額，必須等於未來各期財政收支盈餘之現值，如此才能確保跨期預算平衡，達成財政永續之目標。換言之，一國之財政收支若具備長期均衡性質，表示財政政策之作用雖短期間造成財政失衡，經過一段時間調整，長期仍將趨於均衡，政策短期衝擊不致影響長期均衡，便無考量政策是否應檢討或修正之必要。

　　雖然關注焦點不同，上述兩種觀點對財政永續及政策持續之驗證均具有一定效力，惟「債務永續」觀點所重視之債務穩定性或可承受之債務水準係屬「落後指標」。如前述學者Zee所提，公共債務之持續增加只能說是財政政策無法持續的症狀，主要原因還是來自於政府收支結構問題。由概念及衡量方式來看，財政永續性與政策持續性是一體兩面，滿足國家財政永續性條件，即表示財政政策可持續下去；反之，表示現行財政政策必須檢討或修正。簡言之，國家財政永續性之探究，可透過國家財政收支變數恆定性之驗證，體現財政永續性之特質，藉以研判當前政策是否有檢討及變更之需要。因此對於財政永續性之實證研究，擬採用「赤字永續性」觀點，以跨期預算限制爲前提，來檢證臺灣是否滿足財政永續及政策持續性之條件。

---

4 所謂「龐氏騙局」（Ponzi Game or Ponzi Scheme），係指以高投資利益誘使民眾投資虛設之企業，並以後一輪投資者的資金作爲快速盈利，付給前一輪投資者，以誘使更多民眾上當，以此類推，當投入的民眾及資金愈來愈多，投資者與資金無以爲繼時，此投資騙局必然崩潰。此投資騙局源自於1919年查爾斯·龐茲於第一次世界大戰之後，所策劃之投資騙局，故以其命名。

參、赤字永續性與跨期預算平衡

1980年代中期之後，赤字永續性議題之實證文獻多以跨期預算限制為理論基礎，實證研究隨著計量工具之演進不斷趨於成熟。Hamilton & Flavin（1986）以Barro（1984b）跨期預算平衡之模型為基礎，是最早開始進行赤字永續性之實證研究。他們以美國1960-1984年之長期財政資料，採用時間序列分析之非定態時間序列模型Dickey-Fuller（DF）單根檢定法（unit-root test）為分析工具，檢驗當時債務餘額與預算赤字兩個財政變數是否具有恆定性（stationary）。研究結果顯示兩變數俱為恆定之數列，滿足跨期預算限制式之條件（Hamilton & Flavin, 1986: 815-818），證實當時美國財政穩定之長期關係。往後若干年之類似研究都大致獲得相同結果（Trehan & Walsh, 1988; Haug, 1991）[5]。1990年代之後，由於計量分析工具之發展及修正，Wilcox（1989）、Hakkio & Rush（1991）與Hansen, Roberds & Sargent（1991）等學者以美國戰後資料進行實證研究，卻得到不同的結論。其中Wilcox指出Hamilton & Flavin應用之檢定法，因未排除殘差項序列相關之問題，將產生統計偏誤，而造成推論錯誤；因此，他同樣以債務餘額為分析變數，採用修正後之計量方法Augmented Dickey-Fuller（ADF）檢定法進行單根檢定，並以Box-Pierce統計量判斷最適滯留期數，排除殘差項序列相關之統計偏誤，得到較可信之統計推論結果。

Wilcox之學術貢獻除了提升計量工具之品質，增加統計推論之正確度之外，在結果分析中亦詮釋「政策持續性」之意涵。指出有效率之經濟體系中，政府行為（政策）結果必須滿足預算限制式，以計量語言來說，即未折現之債務餘額應是恆定過程才是。若違反恆定過程，則代表政府行為應該修正，才能維持有效率之經濟體系（Wilcox, 1989: 298-305）。Wilcox之研究結論對公共政策，特別是財政政策之決策而言格外有意義。

---

[5] Trehan & Walsh（1988）以美國1890-1983年資料進行實證。而Haug（1991）根據1960-1986美國季資料進行實證。

後續Hakkio & Rush（1991）亦採用ADF檢定法，檢視美國1950-1988年之實質收入、實質支出與實質赤字之季資料，並區分次期間（1964: I-1988: IV及1976: III-1988: IV）來觀察，為消除趨勢因素，將變數以實質GNP與人口加以標準化，實證結論與Wilcox相同。總之，二十世紀對於赤字永續議題之實證研究貢獻，主要來自於研究方法、技巧及工具之改進，實質提升統計推論之效度。

對於財政永續之實證研究計量技巧，因時間序列分析中「共整合」（cointegration）及誤差修正模型之提出再一次提升。「共整合」係指一組非恆定時間序列變數經線性組合後，會成為恆定數列的特質（Engle & Granger, 1987），代表一組非恆定之財政時間序列變項（收入及支出），若被檢驗出具有共整合特質時，跨期預算平衡之長期均衡條件仍被滿足。Trehan & Walsh（1988）選用美國1890-1986年長期時間序列資料進行實證，發現政府支出（含利息支出）、稅收及鑄幣收入三項變數之間，雖各自為非恆定數列，因存在共整合關係，仍確保其具有長期穩定關係。若干學者在運用跨期預算限制觀點所進行之實證步驟中，依照變數性質在單根檢定之後，再進行共整合檢定，更能有效的驗證財政永續及政策持續性問題（Trehan & Walsh, 1988; Trehan & Walsh, 1991; Hakkio & Rush, 1991; Quintos, 1995; Marinheiro, 2006: 157）。

前述Hakkio & Rush（1991）之實證研究中，嘗試將資料進行分段驗證之作法，賦予政策持續性經驗分析更深入的意涵。由於國家財政政策之運用可能隨政府角色之轉變而改變，依據「跨期預算平衡」概念，只要期間拉的夠長，當代財政失衡皆能因早期保守而穩定的財政作為而達成「跨期平衡」，因而無法即時顯示出目前政策施為之影響。Hakkio & Rush將資料期間分段處理後，發現較長期間（1964-1988）之政府收入、支出，及經人口平減後政府收入、支出等變數，收支之間均具有共整合關係；但以短（近）期（1976-1988）之時間序列，依相同方法再次檢驗，結果卻相異。此項實證結果正顯示美國政府若持續當前既定之財政政策，事實上已經無法達成財政長期之均衡（Hakkio & Rush, 1991: 439-443）。

　　身陷國債風暴中之歐洲財政學者們，對財政永續之議題更展現出高度關切及興趣。葡萄牙學者Marinheiro（2006）運用赤字永續之概念及分析工具，分段檢視該國1903-2003年間政府債務、中央政府總支出及總收入三項財政變數之性質，發現財政變數雖呈現非恆定性質，長期間（1903-2003）變數之間仍呈現共整合關係，但短期間（1975-2003）之分析則非如此。研究結果透露出葡萄牙從1975年以後，財政政策有檢討之必要（Marinheiro, 2006: 166-167）。Bajo-Rubio、Díaz-Roldán及Esteve等三位西班牙學者檢驗該國1850-2000年長期財政變數之性質，獲致財政赤字長期仍將彌平之結論（Bajo-Rubio et al., 2010），惟此結論陷入以跨期財政平衡分析長期資料之迷思，實難合理解釋當前西班牙政府所面臨之財政危機，錯失政策調整之時機。2008年美國學者Payne、Mohammadi與土耳其學者Cak採用類似之計量技巧，共同針對土耳其1968-2004年政府收入、政府支出及預算赤字三項財政變數之長期資料進行永續性之實證分析，研究結論顯示土耳其政府收支仍具有長期均衡之條件（Payne, Mohammadi & Cak, 2008: 829）。

　　學者吳致寧（1998）早期曾針對臺灣政府總支出、總收入及收支餘額三項財政變數，以1955-1994年之年資料進行財政永續之驗證，實證結果指出國內三項財政變數之間仍然具有共整合之特質，因而據以推論臺灣截至1990年代中期為止，財政長期仍能維持均衡穩健的情況，債務無違約之虞，滿足跨期預算平衡的條件，赤字政策持續性獲得支持（Wu, 1998: 523-527）。以臺灣財政發展之縱斷面來看，1990年代臺灣政府財政雖已出現赤字，但基本上赤字規模不大，財政政策仍趨保守穩健，實證結果仍能合理解釋當時財政情況。張李淑容（1997）以Trehan & Walsh的理論模型為架構，分析1970-1994年政府支出（含利息支出）、租稅收入及發行貨幣收入三項變數之恆定性，並驗證這些變數間是否具有長期均衡之關係，實證結果與吳致寧所得到之推論一致。近年來國內之實證研究似乎也都得到相似之實證結果（蘇建榮，2005；蘇建榮、陳怡如，2007）。林向愷及賴惠子（2009）利用預算體制相關規範及財政長期平

衡條件推導出之財政赤字現值模型，並以1968-2004年之長期時間序列資料進行實證研究，結果亦顯示臺灣符合財政長期平衡條件。

肆、研究資料及實證模型

　　本研究採用之分析變數爲臺灣各級政府實質歲入淨額[6]、實質歲出淨額[7]之年資料，資料來源取自財政部《中華民國政府統計年報》及行政院主計總處之「總體統計資料庫」。統計年報中2000年之數據，因政府會計年度由七月制改爲曆年制之故，包含1999年下半年及2000年全年，依財政統計年報之規定調整換算，將政府淨收入除以1.4596，政府淨支出除以1.4769，折合爲1年。同時爲排除物價之影響，將財政統計年報之政府淨支出及淨收入以消費者物價指數[8]平減爲政府實質淨支出及實質淨收入。資料期間爲1955-2011年，共計57年之時間序列資料，惟早期1955-1966年十年間，財政部公布之歲出淨額資料仍包括債務還本支出，所幸此段期間政府財政狀況尚稱良好，債務水準偏低，不致於對分析造成重大偏誤。

　　臺灣各級政府之財政收支情況，自1950-1989年約四十年間，嚴格遵守平衡預算規範，財政赤字非常小，中央政府累積之債務僅約1,910億元，國家財政相當穩健。1989年以後財政赤字突然快速增加，可視爲臺灣財政失衡之分水嶺，或稱爲結構轉變點；除了1998年尚有財政贐餘外，其他年度均出現赤字（如圖1-2）。臺灣經濟自由化、國際化及民主

6　歲入淨額=稅課收入+獨占及專賣收入+營業盈餘及事業收入+財產孳息收入+規費收入+罰款及賠償收入+捐獻及贈與收入+資本收回及售價收入+相對基金協助收入等，不包括公債及賒借收入、移用以前年度歲計賸餘。

7　歲出淨額=一般政務支出+國防支出+教育科學文化支出+經濟發展支出+社會安全及退撫支出+債務利息支出+雜項支出，不包括債務還本支出。

8　變數實質化之處理，亦有採用國內生產毛額平減指數（GDP Deflator）進行平減（蘇建榮、陳怡如，2007），惟考量國內生產毛額平減指數易受操縱而扭曲，因此本文採用消費者物價指數進行平減。

化的代價，致使政府歲出年年增加[9]及歲入停滯不前，財政失衡情況幾乎成為常態。

　　本研究實證模型之建立及分析方式，主要參酌Hakkio & Rush及Marinheiro之實證模型及計量模式，將時間序列資料分段，以長、短期二組資料進行驗證，長期間為1955年至2011年，而短期間則為近期1989年至2011年。

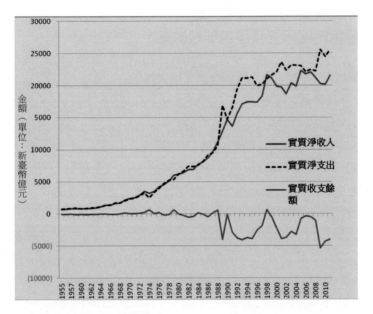

資料來源：財政部、行政院主計總處。

圖1-2　臺灣實質淨收入、實質淨支出與實質收支餘額之長期趨勢

---

[9] 重大之支出項目包括：(1)1989年公共設施保留地之徵收；(2)1991-1992年度戰士授田憑證的收回；(3)1989-1999年度高性能戰鬥機的採購；(4)1991年底第一屆國大代表、立法委員、監察委員全數退職的退休金；(5)1991年推動六年國家建設計畫以及(6)年年增加的社會福利計畫等。

　　分段點1989年之選擇，除了觀察政府實質收入及支出之長期趨勢，在1989年之後，收支之間缺口（赤字）明顯持續擴大之外，依據吳致寧（1998）及蘇建榮、陳怡如（2007）針對國內結構性變動之分析結果，發現臺灣之結構性變動發生時間點確爲1989年，因此以1989年爲期間分段點。實證步驟爲：（一）單根檢定；（二）Engle-Granger共整合檢定及誤差修正模型之估計。

一、非恆定時間序列模型與單根檢定

　　在時間序列分析中，所謂變數之「恆定趨勢」（deterministic trend），是指「可完全被預測的變動趨勢」（Maddala and Kim, 1998），即稱爲具有恆定趨勢之變數（楊奕農，2009：331-332）。反之，當時間序列變數具有非恆定趨勢，也稱爲「隨機趨勢」（stochastic trend）時，表示變數中之隨機成分對該變數具有永久性影響。以總體經濟學觀點而言，表示經濟體系中外生衝擊（exogenous shocks）對於變數之影響是永久的，任一次隨機衝擊便會造成時間序列資料持續而長期性的改變（陳旭昇，2009：110）。「單根檢定法」（unit root test）乃計量理論上常被用來檢定時間序列是否恆定之推論方法，計量文獻上發展出許多方法，目前最常被使用的爲Said & Dickey（1984）兩位學者提出之Augmented Dickey-Fuller（ADF）檢定法。此法乃針對修正DF（Dickey-Fuller）檢定法殘差項序列相關的問題而來，其修正方式爲對滯留期數之選擇。ADF檢定之方程式如下：

$$\Delta Y_t = \rho\, Y_{t-1} + \sum_{i=1}^{n}\theta_i \Delta Y_{t-i} + e_t \tag{1}$$

　　其檢定策略爲方程式係數ρ是否爲1，檢定統計量爲τ。(1)式中可依變數性質加入截距項或時間趨勢因素（楊麗薇，1995：28-33）。ADF檢定爲左尾檢定，統計量愈小，愈能提供證據拒絕「具有單根」的虛無假設

（陳旭昇，2009：115）。

　　ADF單根檢定法雖為常用之非恆定時間序列變數之檢定方法，但理論上其仍存在無法滿足殘差項必須無自我相關與具同質變異之條件。因此，為提高檢定力，在進行實證研究時利用Phillips-Perron檢定（PP檢定）來輔助ADF檢定，因PP檢定之統計理論中，沒有殘差自我相關和異質之限制。另外，在文獻上常見之單根檢定除了ADF及PP檢定之外，還有KPSS檢定法（Kwiatkowski, Phillips, Schmidt & Shin, 1992），其與其他兩種方法在觀念上最大的差異，在於其虛無假設為「變數為定態變數」。為確保實證之檢定力，除ADF檢定之外，也將分別進行其他兩項輔助性之單根檢定方法，以提高檢定品質。

　　本研究之實證變數「實質政府淨收入及淨支出」，由圖1-2得知原始變數具有趨勢因素，一次差分後之趨勢呈現隨機漫走（random walk）的情況（如圖1-3），且1989年後變動之幅度驟增。因此，由變數之時間序列趨勢初步研判，進行單根檢定時，應加入趨勢項。故設定ADF單根檢定之方程式含截距項及趨勢項：

$$\Delta R_t = a_0 + \rho R_{t-1} + a_2 t + \sum_{i=1}^{n} \theta_i \Delta R_{t-i} + e_t \tag{2}$$

$$\Delta G_t = a_0 + \rho G_{t-1} + a_2 t + \sum_{i=1}^{n} \theta_i \Delta G_{t-i} + e_t \tag{3}$$

　　(2)~(3)式中，R_t表示t期之各級政府實質歲入淨額，G_t表示t期之各級政府實質歲出淨額。

二、共整合檢定及誤差修正模型

　　學者Engle & Granger（1987）發現使用迴歸方法檢定或估計實證模型時，若採用之時間序列變數非恆定，則迴歸分析結果會出現假的因果關係，將造成實證研究結果誤判之嚴重後果，進而提出解決方法——共整合

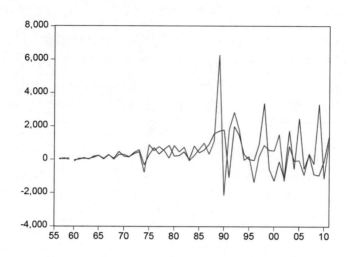

資料來源：本研究。

圖1-3　臺灣實質淨收入、實質淨支出一次差分後之趨勢

（cointegration）理論。他們發現非恆定變數之間只要出現共整合現象，原有之迴歸推論性質仍可適用。而「共整合」係指：一組非恆定時間序列變數，經線性組合後若轉變為恆定，則稱這些變數具有共整合關係。「共整合」可被詮釋為「經濟變數間具有長期均衡關係」，隱含這些變數長期而言仍具有往「均衡方向調整」的特性。短期間雖然變數出現失衡現象，但這種偏離均衡之現象會逐漸縮小，終至達到長期之均衡（楊奕農，2009：396-401）。

Hakkio & Rush（1991）兩位學者探討美國財政政策持續性及赤字規模是否過大，採用共整合理論檢定政府實質收支是否具有共整合現象及是否滿足跨期預算平衡的條件，其理論模型由假設滿足各期預算限制式（如(4)式）出發：

$$GG_t + (1+i_t)B_{t-1} = R_t + B_t \tag{4}$$

(4)式中GG_t表示政府支出，B_t表示政府債務餘額，R_t代表政府收入，i_t則表示利率，並假設利率是恆定變數。經過數學推導過程[10]後可得到以下迴歸方程式：

$$R_t = a + bGG_t + \varepsilon_t \tag{5}$$

此時檢定跨期預算平衡之虛無假設為 $a=1$ 且 ε_t 恆定，也就是說倘若R_t與GG_t均為非恆定變數，只要兩者具有共整合關係，仍不違反跨期預算平衡假定（Hakkio & Rush, 1991）。

進行Engle-Granger共整合檢定[11]分為兩步驟：第一步驟先估計兩變數共整合關係之迴歸式，並擷取其估計殘差，第二步驟則將擷取之估計殘差數列進行ADF檢定，若殘差數列為恆定數列，代表兩變數之間具有共整合關係；反之，則代表無充分之證據支持變數之間具有共整合關係。既然非恆定變數間存在共整合關係，表示具有長期往均衡方向調整之特性，即表示短期失衡現象應該會逐漸縮小。這種逐漸縮小偏離長期均衡之機制，即所謂「誤差修正機制」（error correction mechanism）（Banerjee et al., 1993: 5；楊奕農；2009：401）。誤差修正機制是經濟體系動態調整機制[12]之概念，短期價格修正方向應往長期均衡價格方向移動，當短期價格偏離長期均衡價格愈遠，修正的幅度應該會愈大。學者Enders（2004: 329）及Banerjee et al.（1993: 50-51）推導出實證上所使用之誤差修正模型一般式為：

---

[10] 詳細推導過程，請詳閱Hakkio, C. S. & Mark Rush, 1991. "Is the Budget Deficit Too Large?" Economic Inquiry, 29 (3): 430-434.-

[11] Engle-Granger共整合檢定具有下列幾項特質，在應用須特別注意：(1)此檢定法之基本假設是變數之間最多只存在一個共整合關係，無法處理多個共整合關係的存在。(2)若兩變數之整合階次不相同，則代表變數之間必然不存在整合關係。(3)無論選擇哪一個變數當作共整合關係中的被解釋變數，理論上均不會影響是否存在共整合關係之推論。

[12] 如同經濟上「市場機能」（market mechanism）的概念，即某一財貨在市場的價格高過長期均衡價格時，在市場機能健全的情況下，短期價格應會「向下修正」；反之，則應「向上修正」。

$$\Delta y_t = \beta_0 + \beta_\varepsilon (\varepsilon_{t-1}) + \sum_{j=1}^{m} \sum_{i=0}^{nj} \beta_{ji} \Delta x_{jt-i} + \varepsilon_t \qquad (6)$$

β_ε 在文獻上稱之爲調整速度參數（speed of adjustment parameter），且預期 $\beta_\varepsilon < 0$ 才能滿足誤差修正之條件（楊奕農，2009：402-404）。

本研究進行Engle-Granger共整合之估計迴歸式及以估計迴歸式所得之殘差數列{ê$_t$}爲變數進行單根檢定式如(7)及(8)式：

$$R_t = a + bG_t + e_t \qquad (7)$$

$$\Delta \hat{e}_t = a_0 + \rho \hat{e}_{t-1} + a_2 t + \sum_{i=1}^{n} \theta_i \Delta \hat{e}_{t-i} + e_t \qquad (8)$$

若拒絕虛無假設，代表兩變數之間具有共整合關係，反之則代表不具有共整合關係。此外，估計向量誤差修正模型如下：

$$\Delta R_t = \beta_0 + \beta_r \hat{e}_{t-1} + \sum_{i=1} \beta_{11}^i \Delta R_{t-i} + \sum_{i=1} \beta_{12}^i \Delta G_{t-i} + \varepsilon_{rt} \qquad (9)$$

$$\Delta G_t = \beta_6 + \beta_g \hat{e}_{t-1} + \sum_{i=1} \beta_{21}^i \Delta R_{t-i} + \sum_{i=1} \beta_{22}^i \Delta G_{t-i} + \varepsilon_{gt} \qquad (10)$$

伍、研究結果及分析

一、1955-2011年長期之實證結果

長期之財政變數時間序列資料所進行之單根檢定，各種檢定方法所呈現之結果一致，ADF及PP單根檢定均顯示兩項原始變數（R_t及G_t）均非恆定數列；經過一次差分後，所有變數（ΔR_t及ΔG_t）則呈現恆定特性，即所有變數之整合階次相同，皆爲I(1)。單根檢定結果如表1-1所示。既然兩時間序列變數皆爲「非恆定」變數，而且整合階次相同，則必須進一步驗證此兩變數之間是否存在「共整合」關係，以確定兩變數之間是否具有長期均衡關係。

表1-1　單根檢定結果（1955-2011年）

Model: $\Delta R_t = a_0 + \rho R_{t-1} + a_2 t + \sum_{i=1}^{n} \theta_i \Delta R_{t-i} + e_t$

$\Delta G_t = a_0 + \rho G_{t-1} + a_2 t + \sum_{i=1}^{n} \theta_i \Delta G_{t-i} + e_t$

變數	ADF		PP	KPSS
	SIC[註3]	AIC[註3]		
R_t	-2.1235	-2.1235	-2.1365	0.8622***
ΔR_t	-7.2803***	-7.2803***	-7.2822***	0.2138
G_t	-2.2163	-2.2163	-2.1741	0.1606**
ΔG_t	-8.9414***	-8.9414***	-8.8420***	0.1337

備註：

1. **(***)代表在5%(1%)的顯著水準下，拒絕虛無假設。

2. ΔR_t及ΔG_t為一次差分後之時間序列。

3. ADF檢定法若干選擇落後期數之標準，本文採用一般較常使用的SIC及AIC。

　　將長期財政變數進行Engle-Granger兩步驟共整合檢定之結果如表1-2所示，以R_t及G_t兩變數進行迴歸所得到之殘差e_t進行單根檢定之結果，顯示殘差為恆定之數列，即表示長期而言，政府之財政收支具有共整合關係，財政收支將會維持均衡狀態。

表1-2　Engle-Granger兩階段共整合檢定結果

Model I : $\Delta \hat{e}_t = \rho \hat{e}_{t-1} + \sum_{i=1}^{n} \theta_i \Delta \hat{e}_{t-i} + e_t$

變數	ADF		PP	KPSS
	SIC	AIC		
e_t	-4.6505***	-5.1175***	-4.5881***	0.1129

備註：

1. **(***)代表在5%(1%)的顯著水準下，拒絕虛無假設。

2. ADF檢定法若干選擇落後期數之標準，本文採用一般較常使用的SIC及AIC。

　　進一步確定長期均衡是否具有自動誤差修正機制，估計向量誤差修正模型（VECM）如下：

$$\Delta G_t = -0.23\hat{e}_{t-1} - 0.065G_{t-1} + 0.115G_{t-2} - 0.129R_{t-1} + 0.074R_{t-2}$$

$$\Delta R_t = 0.534\hat{e}_{t-1} - 0.246G_{t-1} - 0.319G_{t-2} + 0.414R_{t-1} + 0.397R_{t-2}$$

　　上述估計向量誤差修正模型中，$\hat{e}_{t-1}$ 之係數為誤差修正係數（coefficient of Error Correction），即前述一般式中之調整速度參數。此係數可協助判定失衡時之自動調整方向。上述估計之政府支出差分方程式（ΔG_t）中，係數為負值（-0.23），代表倘若政府收入（R_t）與政府支出（G_t）脫離長期均衡關係（$G_t = 1036.871 + 1.397R_t$）時，例如：政府支出超過長期均衡條件時（$G_t > 1036.871 + 1.397R_t$），會具有自動下跌（$\Delta G_t < 0$）之調整機制。同理，政府收入（$\Delta R_t$）差分方程式中，$\hat{e}_{t-1}$ 之係數為正值（0.534），代表失衡時政府收入（R_t）會自動調整上升（$\Delta R_t > 0$）機制，逐漸朝向長期均衡方向調整。本文誤差修正模型之估計結果，支持臺灣長期財政變數之時間序列具有誤差修正機制。

二、1989-2011年近期之實證結果

　　選取近期二十三年度之資料再進行一次單根檢定，各種檢定法所推論之結果發現實質歲入淨額（R_t）原始變項為非恆定之時間序列，經過一次差分之後，呈現恆定特性，因此實質歲入淨額（R_t）之整合階次仍為I(1)；然而，實質歲出淨額（G_t）原始變數檢定結果為非恆定序列，經過一次差分之後，ADF檢定法仍無法拒絕變數（ΔG_t）呈現非恆定之假設，代表實質歲出淨額（G_t）之整合階次非I(1)，檢定結果如表1-3。根據Engle-Granger提出共整合檢定法之條件，不同整合階次之兩變數，不可能存在共整合關係（楊奕農，2009：414）之論述，可確定近期內兩變數

之間不存在跨期均衡之關係。

　　此結論不同於前述長期之實證結果，也與前述國內學者針對臺灣長期財政穩健之實證文獻所得到符合財政長期平衡條件之結論不同（吳致寧，1998；張李淑容，1997；蘇建榮，2005；蘇建榮、陳怡如，2007），對於臺灣財政永續性之實證研究，提供嶄新之經驗證據、觀察角度及反思。

表1-3　單根檢定結果（1989-2011年）

Model II： $\Delta R_t = a_0 + \rho R_{t-1} + a_2 t + \sum_{i=1}^{n} \theta_i \Delta R_{t-i} + e_t$

$\Delta G_t = a_0 + \rho G_{t-1} + a_2 t + \sum_{i=1}^{n} \theta_i \Delta G_{t-i} + e_t$

變數	ADF		PP	KPSS
	SIC[註3]	AIC[註3]		
R_t	-1.4682	-1.4682	-2.7927	0.1400
ΔR_t	-5.4444***	-5.4444***	-5.9785***	0.0882
G_t	0.1334	0.1334	-2.3526	0.1077
ΔG_t	-2.6566	-2.6566	-3.6711	0.0737

備註：

1. **(***)代表在5%(1%)的顯著水準下，拒絕虛無假設。

2. ΔR_t及ΔG_t為一次差分後之時間序列。

3. ADF檢定法若干選擇落後期數之標準，本文採用一般較常使用的SIC及AIC。

三、實證結果分析

　　本研究發現若由長期資料來觀察，實質歲入淨額與實質歲出淨額之間符合跨期預算限制條件，滿足長期均衡之條件，且具有自動誤差修正之機制；但若將時間序列拉近至近期1989年後政治、社會開始轉型之後再進行相同驗證過程，卻發現政府實質歲出及歲入之間已不再滿足跨期預算限制之條件。這種推論結果在前揭其他國家實證文獻（Hakkio & Rush,

1991; Marinheiro, 2006）中已見過類似實證結果，雖文獻中未載明將期間分段進行驗證之理由，但必然與財政政策之持續性評估有密切關係。長期驗證結果與過去臺灣進行財政永續性驗證之相關實證文獻的推論結果一致，可合理詮釋為臺灣早期嚴格財政紀律規範所奠下優良財政基礎，足以彌補1989年之後連年赤字，尚能維持跨期均衡關係。惟將政策方向變化前後之時間序列資料結合分析，可能形成政策永續性研究之迷思，誤以為當前國家所採行之財政政策不致影響國家長期財政收支之均衡條件。

近期之研究結果，透露出在不考慮早期穩健財政基礎時，臺灣從1989年以來，政府施行積極性財政政策的結果，累積之財政赤字規模已太大，無法滿足財政永續之條件。即使排除2008年金融風暴引起之財政收支劇幅變化，依據國內相關之文獻，仍為無法滿足財政永續條件（蔡馨芳，2011）。此項實證結果由政策持續性角度來觀察，別具意義。由於1989年乃政策上之結構變動點，當前之財政政策評估，顯然應以政府功能、角色及政策轉變之後的財政資料來驗證其持續性，較具有說服力。因此，由政策持續性角度來解讀，當前財政政策能持續下去嗎？實證結果所提供的答案是否定的，意即政府必須審慎地檢視政策方向變更之必要性，以確保財政之永續發展。

有關政策方向之演變，臺灣財政政策長期發展歷程，經過若干轉變。二次世界大戰後，臺灣開始「經濟重建期」（1945-1953年），當時政治相對穩定，但經濟上卻面臨困境，經歷美援、金融幣制改革及土地改革，臺灣經濟逐漸穩定下來，民眾基本生活所需得以維持。1953-1959年進入「進口替代期」，政府實施經濟建設計畫，發展勞力密集輕工業，以替代進口商品，一方面發展農業，一方面也將農業所得引導至工業，對外則採取提高關稅、限制進口、外匯管制等政策以扶植民營企業，以農業帶動工業發展，民眾生活進而改善。接著政府為吸引外資，決定採取自由開放、鼓勵出口等政策，進入由出口帶動生產的「出口擴張期」（1959-1973年），當時政府制定「19點財經改革措施」，採取自由經貿政策、降低關稅、放寬進口、並公布「獎勵投資條例」，以減免租稅方式吸引

外資，並成立加工出口區，外資大幅增加，臺灣對外貿易開始有外匯累積，由農業社會轉爲工業社會。1970年代（1973-1979年）因石油危機所引發之全球經濟衰退，導致臺灣出口大幅下降，進入「第二次進口替代時期」，政府建立自主經濟體系，進行大規模公共投資，推動十大建設，包括交通、電力基礎建設及鋼鐵、石化及造船等工業建設，臺灣所得成長持續提高，爲石化業與重工業打下良好基礎，也創造臺灣經驗。整體財政而言，1980年代以前，政府透過政策及預算支出，發揮帶動國家經濟發展及穩定經濟之功能，成爲「經濟成長之領航者」，政府收支規模不大，均能維持年度收支平衡。

1980年代以後迄今，臺灣進行「產業升級與國際化時期」，政府相繼規劃「十年經濟建設計畫」[13]、「十四項建設」、「國家建設六年計畫」，以公共投資促進產業發展。1983年放寬進出口與投資限制，1987年實施新外匯條例，人民得以自由持有及運用外匯，1989年開放民間設立銀行，逐步推動民營化，國民所得不斷提高。惟「國家建設六年計畫」之推動（1991-1997年），由於預算過於龐大，總金額高達8兆2千億，其中5兆2千億爲公共投資金額，必須大量舉債，受到當時在野黨之杯葛，行政院於1993年決議停止大部分六年國建計畫，此計畫僅維持近三年即宣告停止，國家財政赤字及債務也因此再無收斂跡象。除此之外，政治環境之轉變更加重財政之惡化，臺灣由2000年起經歷兩次政權輪替，政府仍持續推動「新十大建設」之國家整體建設計畫（2003年）及「愛臺十二項建設」[14]，對於國家財政造成很大負擔。

政府的角色隨著經濟局勢、市場金融活動益發活絡、人民之需求增

---

[13] 1979年政府制度「十年經濟建設計畫」，將機械、電子、電機、運輸工具列爲「策略性工業」，並於1990年公布「促進產業升級條例」，發展通訊、資訊等十大新興行業。

[14] 「新十大建設」係2003年總統陳水扁指示行政院長游錫堃宣布的國家整體建設計畫，要以五年5000億元新臺幣擴大公共建設投資；「愛臺十二建設」係第十二任總統馬英九與副總統蕭萬長，於2008年總統大選競選期間所提出的經濟建設政見，預計投資新臺幣3兆9900億元。

加，不但必須持續擔任經濟成長之領航者，同時還須透過預算扮演所得重分配的社會公平角色。在收入面，通過促進重點產業升級條例及策略性產業等免稅規定，強化重點產業之競爭力；同時，連年災害稅捐之扣除減免，政府亦需發揮社會公平正義角色。然而，無論是扮演經濟發展起飛的推手或是社會公平的角色，均須付出財源流失及租稅收入減少之代價（見附錄1-1）；在支出面，政府為帶動經濟發展，持續規劃各階段中、長期之國家建設計畫，基於社會公平亦相繼推動許多社會福利政策，法定支出及權益性支出比重不斷增加，形成財政結構僵化，造成財政長期失衡的嚴重問題（見附錄1-2）。

回歸至政府角色之本質，過度介入市場、引導市場所帶來的財政失衡問題確實應該檢討，惟政府功能發展迄今，要從積極角色回歸至保守的維持市場秩序，恐怕並非易事。當前政府財政條件惡化，結構性因素舉足輕重，政府若單純期盼透過積極財政政策促進未來經濟發展，以期增加政府收入自動彌平財政缺口，無非是緣木求魚；由歷年經濟成長率的趨勢來看（圖1-4），政府企圖透過政策發揮「成長領航者」的功能，似乎亦未得到預期效果。支出結構僵化及財政弱化，致使政府陷入既無法勝任凱因斯學派主張的成長領航者角色，亦無法保守地擔任古典學派所謂市場守護者角色的兩難困境。

總之，全球各國政府2009年為因應金融危機採行積極性財政政策之代價，引發政府債務快速累積及長期財政不健全之危機。以政府角色來觀察，此乃過去服膺凱因斯主義，強調政府在遭遇經濟衰退時，主張採用「赤字預算」來刺激經濟，而積極介入市場的後果。臺灣各級政府過去二十年來，長年依賴舉債支應財政赤字，累積未償債務餘額占GDP之比率不斷上升，特別是2000年後累積速度加快，財政情況加速惡化。本研究檢驗臺灣近年來財政變數是否仍滿足財政永續之條件，發現臺灣近二十年多來政府實質歲出及歲入已無法滿足跨期平衡條件，自從1989年政治、經濟及社會轉型之後，政府運用財政政策所造成之財政赤字規模已太大，無法透過自動調整機制回復均衡。支出結構僵化及財政弱化，致使

政府陷入既無法勝任凱因斯學派主張的成長領航者角色，亦無法保守地擔任古典學派所謂市場守護者角色的兩難困境，因此，政府必須審慎檢視政策方向變更之必要性，以確保財政之永續發展。

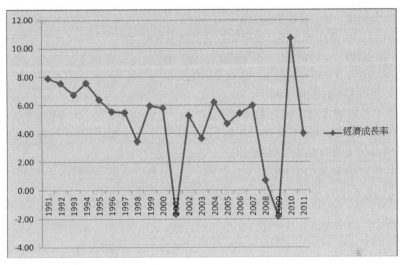

資料來源：行政院主計總處。

圖1-4　臺灣經濟成長率之長期趨勢

附錄1-1、臺灣政府歷年重要租稅措施

時間	施政措施	內容說明
1989	1.證券交易所得稅恢復開徵（一千萬元以上） 2.配偶之薪資所得分開計稅	
1990	1.綜所稅最高級級距稅率由50%調降為40%，所得級距由十三級減為五級，免稅額與扣除額隨物價指數連動調整 2.證券交易所得稅停徵	
1991	1.開始實施促進產業升級條例 2.中小企業發展條例	1.新投資創立五年免稅、增資擴展五年免稅
1995	提高遺產及贈與稅之免稅額	
1998	實施兩稅合一所得稅制	取消綜合所得稅與營利所得稅重複課稅問題
1999	1.降低金融營業稅稅率，由5%調降為2% 2.促進產業升級條例延長租稅優惠的實施期限十年 3.財政收支劃分法修正，其中一項為「加值型營業稅由地方稅改為國稅」，另一者為頒訂「中央統籌分配稅款分配辦法」	3.基於平衡地方發展及縮減城鄉差距考量，由中央釋出部分財源，加強統籌分配款的運用，以期改善部分地方政府自有財源偏低的現象
2000	將2%的金融營業稅充作金融重建基金	將2%的金融營業稅稅款連續四年專款專用作為金融重建基金
2002	1.菸酒稅開徵 2.土地增值稅減半徵收兩年 3.制定地方稅法通則、規費法 4.財政收支劃分法修正	1.對菸品課徵健康福利捐 3.賦予地方政府稅捐 4.統籌分配款比例的調整，直轄市降為43%，縣市政府比例調升為39%，鄉鎮市比例則維持12%
2003	1.製造業新增投資五年免徵營所稅 2.取消保留盈餘加徵10%營利事業所得稅	
2004	1.土地增值稅減半徵收一年 2.敏督利颱風損失申請稅捐減免	

時間	施政措施	內容說明
2005	1.推動產品工程服務業適用新興重要策略性產業五年免稅 2.減徵汽油、柴油及燃料油貨物稅應徵稅額25% 3.天然災害損失經報備勘驗，稅捐得以扣除減免	3.災害包括泰利、龍王颱風
2006	1.推動最低稅負制 2.天然災害損失經報備勘驗，稅捐得以扣除減免	1.海外所得自2009年1月1日起始納入個人最低稅負稅基。 2.災害包括401地震、凱米、碧利斯颱風及1226地震
2008	1.調減進口小麥、大麥、玉米及黃豆應徵營業稅 2.調降料理酒之稅額 3.風災損失經報備勘驗，稅捐得以扣除減免	3.包括鳳凰、卡玫基、辛樂克、薔蜜颱風災害
2009	1.免徵低底盤、天然氣、油電混合動力、電動公共汽車及身心障礙者復康巴士貨物稅 2.莫拉克颱風災害，各地方稅捐稽徵機關主動派員勘查，逕行核定減免房屋稅及地價稅及賑災捐贈扣除 3.停徵公司債及金融債券之證券交易稅 4.行政院賦稅改革委員會完成階段性任務	
2010	1.行政院通過取消軍教薪資所得免稅案 2.新興重要策略性產業免徵營利事業所得稅 3.調降營利事業所得稅稅率至17% 4.外國之事業、機關、團體、組織在我國境內從事參加展覽等商務活動支付加值型營稅得互惠 5.發布「民間機關參與重大公共建設適用投資抵減辦法」 6.推動「輕稅簡政」稅制改革 7.梅姬颱風災害損失經報備勘驗，稅捐得以扣除減免	

時間	施政措施	內容說明
2011	1.自100年度起盈餘未分配部分按15%加徵營利事業所得稅 2.通過「特種貨物及勞務稅條例」	

資料來源：修改自王苑禪（2007）、財政部賦稅署。

附錄1-2、臺灣政府歷年重要政經大事及政策支出

時間	施政措施	內容說明
1989	1.徵收公共設施保留地 2.發放第一屆中央民意代表退職金 3.全面實施農民健康保險 4.修改「銀行法」，開放民間設立銀行	
1990	1.開辦低收入戶健康保險 2.戰士授田證的收回與金額發放	
1991	1.推動國家建設六年計畫 2.發展十大新興工業 3.公營事業民營化運動	2.包括通信、資訊、消費性電子、半導體、精密器械與自動化、航太、高級材料、特用化學與製藥以及醫療保健污染防治等十大工業
1993	1.國家建設六年計畫改稱為「十二項建設」 2.頒訂行政革新方案	2.推動「組織及員額精簡計畫」，三年內精簡政府預算員額5%，總預算編製改為「由上而下」
1995	1.建設臺灣成為亞太營運中心 2.實行全民健保 3.二二八事件處理及補償條例 4.制定老年農民福利暫行條例 5.通過「公共債務法」	3.補償金額上限600萬 4.每月發放3000元老農津，部分縣市發放敬老福利津貼 5.採存量控制，各級政府未償債務餘客不得超過前三年名目國民生產毛額平均數的48%
1997	1.國防整備及戰機採購 2.亞洲金融風暴 3.行政院制定「自償性公共建設預算制度」	
1998	1.修訂「預算法」 2.修訂「公共債務法」	1.政府會計年度由七月制改為歷年制 2.增訂流量管制，各級政府每年度舉債額度不得超過各政府總預算與特別預算之15%
1999	921地震	

時間	施政措施	內容說明
2000	1.精省、接收省府債務 2.預定實施國民年金 3.發放幼兒教育券 4.第一次政黨輪替，由民進黨執政	
2001	1.承接糧食平準基金債務 2.執行921震災災後重建 3.行政院成立「二代健保規劃小組」 4.成立行政院財政改革委員會	4.期望達成五到十年財政收支平衡
2002	1.實施敬老福利生活津貼 2.加入WTO成為會員國 3.修訂「公共債務法」 4.公布「國民年金法草案」	3.舉債額度不計入舉新還舊部分 4.明文規定政府辦理國民年金保險，保障國民老年及其發生身心障礙時之基本經濟安全，並謀其遺族生活之安定
2003	1.實施就業保險法 2.「公共服務擴大就業方案」 3.擴大公共建設振興經濟暫行條例 4.行政院推動「財政改革方案」 5.發生SARS	3.公共服務擴大就業及擴大公共計畫
2004	擴大公共建設投資特別條例	
2007	修訂「地方制度法」，臺北縣升格準直轄市	
2008	1.實施國民年金 2.第二次政黨輪替，國民黨重掌政權 3.推動「工作家庭所得保障方案」 4.大陸投資金額上限鬆綁及審查便捷化方案	3.提供6個月的所得補貼，實施期間（97/9~98/2）內每戶平均可補助3萬元。
2009	1.振興經濟促進就業政策措施 2.推動愛臺十二項建設 3.兩岸產業合作－搭橋專案 4.推動「六大新興產業」 5.美國二房事件引爆發全球金融危機	1.包括「97-98短期促進就業措施」、「98-101年促進就業方案」、「加強地方建設擴大內需方案」及「擴大公共建設投資計畫」

時間	施政措施	內容說明
2009		4.包括「臺灣生技起飛鑽石行動方案」、「綠色能源產業旭升方案」、「觀光拔尖領航方案」、「健康照護升值白金方案」、「精緻農業健康卓越方案」及「創意臺灣－文化創意產業發展方案」等
2010	1.擬修正「公共債務法」及「財政收支劃分法」 2.修正促進就業實施計畫 3.修正98-101年促進就業方案 2.數位匯流發展方案	
2011	1.因應貿易自由化產業調整支援方案	

資料來源：修改自王苑禪（2007）、行政院。

壹、財政失衡與預算決策過程

　　當前世界各國政府所面臨的財政失衡困境，已非新古典經濟學建議
「開源、節流」的經濟手段所能解決。傳統新古典經濟理論之思考邏輯，
將預算赤字視爲「政府無效率」之判準，因此世界各國對於消彌赤字所
採行之政策工具，不外乎「開源」及「節流」，倡議透過「減稅以增加
稅收」、「使用者付費」及「公營事業民營化」等手段來達成增加政府收
入、減少成本之政策目標。然而，1980年代以來，學者觀察各國採用新
古典經濟理論藥方企圖改善國家財政，出售公營事業、民營化及提升公
用事業費率，都到了一定程度，能減免的租稅收入也極其有限，但財政赤
字依舊存在，不僅沒有緩和跡象，甚至還出現更嚴重的趨勢（黃世鑫，
2000：43-45）。由此可見，應該有其他更重要之因素影響當前國家預算
決策，而這些因素可能才是造成當前民主國家財政赤字及長期財政失衡之
重要關鍵。

　　本質上，公共預算的決策過程具有兩種特質，一爲「公共預算是經
濟」（budget as economics）：係指攸關國家未來經濟發展的施政，可透
過「政府財務收支計畫書」，規劃資源配置方式，其中強調的是效率價
值；另一爲「公共預算更是政治」（budget as politics）：預算書中各項
支出分配反映特定團體與組織之利益，公共預算的規模或結構是政治過程
中極富爭議的主題，反映社會各方面對政府角色的不同認知，無論是妥協

或談判、共識或衝突，均顯現於預算內（徐仁輝，2014：45）。因此，預算決策過程蘊涵著政治制度運作及權力分配的動態妥協過程，一旦資源配置之制度運作或權力分配出現問題，預算決策最終產物可能是非常棘手的結構性財政失衡。

　　1980年代以前臺灣的財政情況尚稱穩健，1990年代初期受到全球景氣衰退影響，國內投資意願不振，政府採行擴張性財政政策，推動重大建設及各項福利措施，各級政府規模大幅膨脹；1992年各級政府歲出淨額占GNP比率已達32.7%，但歲入卻因經濟衰退而停滯，造成赤字大幅增加，債務餘額隨之攀升（韋伯韜，2006：76）。因此行政院陸續推動各項控制赤字之財政紀律制度，包括行政體系內預算收支差短應予縮減，債務餘額占國民生產毛額比率應予控制等，於1995年將預算籌編方式改採由上而下資源總額分配作業之「歲出額度制」；同時，該年12月立法院通過「公共債務法」，分別對公共債務之存量及流量進行控制[1]（徐仁輝，2001：96）。表2-1各級政府歲入歲出長期趨勢可發現中央政府在施行額度制之後，1996年開始財政收支逐年改善，卻因政治環境改變，出現「選舉循環」（electoral cycle）[2]現象；反觀地方政府財政失衡情況，不僅未因財政紀律制度變革而改善，反而日益嚴重，長久下來已成為中央財政的重大包袱。

---

[1] 「公共債務法」中明訂各級政府舉借一年以上之公共債務未償餘額合計不得超過行政院主計處預估之前三年度名目國民生產毛額平均數之48%，此乃債務存量之控制；1997年立法院修正公共債務法，增列「中央及各地方政府總預算及特別預算每年度舉債額度，不得超過各該政府總預算及特別預算歲出總額之15%」，這是對年度債務流量的管制。

[2] 「選舉循環」是某種類型的政治景氣循環（political business cycle, PBC），是指決策者的求勝策略，在位的政務官不是被動地制定反循環政策以對抗實質經濟內在的波動，而是運用財稅或貨幣政策工具，主動挑起總體經濟的起伏，設定選舉年為政績表現的高潮期，有助於連選連任（陳師孟，2006：205）。

表2-1　各級政府歲入歲出淨額及餘絀

單位：新臺幣百萬元，%

年度	歲入淨額		歲出淨額		餘絀	
	中央	地方	中央	地方	中央	地方
1994	855,266	647,488	921,588	904,779	-66,322	-257,291
1995	879,193	680,236	1,029,314	880,752	-150,122	-200,515
1996	935,935	668,249	933,297	910,489	2,638	-242,240
1997	967,497	737,261	960,255	918,508	7,242	-181,247
1998	1,185,722	867,736	1,016,628	975,965	169,094	-108,229
1999	1,248,345	756,049	1,169,429	880,575	78,917	-124,526
2000	1,402,052[註]	505,910[註]	1,406,336[註]	720,372[註]	-4,284	-214,462
2001	1,417,732	479,109	1,481,186	790,569	-63,454	-311,460
2002	1,310,436	477,482	1,379,934	765,059	-69,498	-287,577
2003	1,435,285	513,563	1,440,337	776,178	-5,052	-262,615
2004	1,365,270	562,130	1,432,114	812,933	-66,844	-250,803
2005	1,616,369	601,670	1,454,236	837,763	162,134	-236,093
2006	1,590,934	586,084	1,392,978	821,248	197,956	-235,164
2007	1,636,050	608,709	1,442,512	847,657	193,538	-238,949
2008	1,648,768	582,846	1,436,805	906,780	211,963	-323,934
2009	1,566,644	547,000	1,691,135	979,764	-124,490	-432,763
2010	1,500,534	615,020	1,579,949	986,856	-79,415	-371,836
2011	1,672,871	633,302	1,557,475	1,055,472	115,396	-422,170
2012	1,661,695	659,510	1,622,841	1,055,144	38,855	-395,634
2013	1,745,109	712,523	1,624,636	1,040,605	120,473	-328,082

註：因會計年度之變更，原統計年報中2000年之數據包含1999下半年及2000年全年數據，爲便於比較，業已經換算公式調整折合爲1年之數據。

資料來源：取自中華民國統計資訊網之總體統計資料庫，http://statdb.dgbas.gov.tw/pxweb/Dialog/statfile9L.asp，由作者自行計算所得。

　　國內學者曾針對臺灣結構性赤字進行研究，發現1989-1995年間結構性赤字大幅惡化，主要是政府因應政治民主化、經濟自由化及社會多元化發展而推動相關政策所致。基本上，這段期間政府推動之相關政策，其施政重點致使財政支出大幅增加。其中社會福利支出增加最為顯著，臺灣在1994-2001年之間社會福利預算增加2.3倍，此類支出具有「向下僵固」的特質，遂成為支出結構化的重要主因（蔡馨芳，2011：104）。然而，我們不禁要思考，為什麼社福支出會造成財政支出結構化導致財政長期失衡呢？

　　1995年時國內經濟衰退導致政府財政失衡，行政機關及立法部門曾因是否調高公債上限發生爭議，最終結果並非行政機關基於不牴觸公債上限規定而緊縮開支，反而是為了讓該年度預算合法化，而修法提高債限[3]（蘇彩足，1996：57，90）。面對地方財政長期失衡的困境，五都改制之後，朝野黨派、地方行政首長及民意代表敦促修訂提高舉債空間的共識性很高，「公共債務法」於102年7月完成修法，不僅提高總債限，中央及直轄市債限均提高，特別是直轄市大幅提高債限空間。然而，為什麼在財政失衡情況下，具有共識性的解決策略不是刪減支出而是提高債務呢？負責看緊人民荷包的民意機關，為何無法發揮監督的功能呢？

　　針對財政長期失衡的現象，傳統學理上遞增主義決策過程已失去解釋力，繼之而起的是探討財政穩健、控制預算赤字之預算決策該如何制定及選擇的理論。換言之，當前預算決策常是在有限理性（bounded rationality）、資訊不對稱、不確定性因素及複雜的人性動機（Ferris & Tang, 1993: 5）條件下，透過人們互動所設計的規則及制度產生誘因來進行。因此，強調「制度」及「誘因」的新制度經濟學提供合理具解釋力的

---

[3] 民國84年根據當時「中央政府建設公債發行條例」規定，公債未償餘額占當年度中央政府總歲出之比例，不得超過95%，但行政院所編列的84年預算案中，公債未償餘額占總支出的百分比，卻高達108%。行政院事後緊急將「中央政府建設公債及借款條例」修正案送達立法院，企圖修法將公債與借款上限提高為120%，以合法化當年度預算。

研究途徑來解釋當代預算決策模式（徐仁輝，2001：8-12）。無論正式制度的修訂，如「公共債務法」之修法作為，抑或非正式制度規範，如行政機關強化控制赤字之財政紀律等，均可作為描述及詮釋當前預算決策模式之重要可行途徑。

是故，以新制度經濟學作為分析途徑，描述並詮釋當前預算決策模式所導致之財政失衡現象，特別是致使國家財政長期結構化的問題。透過交易成本（transaction cost）理論、共同資源理論（common pool theory）及代理人理論（agency theory）等觀點，釐清下列問題：（1）我國總體預算制度及過程，為何無法長期有效抑制財政赤字及債務累積？（2）目前國內行政機關之內部控制機制（財政紀律），在財政困難之際，是否確實發揮實質作用？（3）當前外部監督機制，是否能有效控制預算支出增加，解決財政失衡問題？

貳、新制度經濟學的預算決策理論

國家財政結果是一連串預算決策之最終產物，公共預算決策本質上是資源配置之過程，配置方式既透過市場規範做有效率之規劃（經濟面），也透過權力分配及妥協做可接受之安排（政治面）。公共預算決策分為兩階段，第一階段發生在行政機關籌編政府預算時，偏重於理性有效率之配置。特別在財政困難時，特別重視決定政府總支出規模大小，以及各政事別經費之分配。第二階段則出現在審議過程的政治角力，透過法定程序最終決定預算規模。

在財政失衡的現實環境下，當代預算決策過程在資源非常有限的條件下進行預算編製及審議，更需考量編製前影響預算收支的事前決策，以及預算執行與考核、回饋等事後之決策（徐仁輝，2001：52）。有關預算決策理論模型之相關研究，國內學者徐仁輝（2001: 53-63）分別由「決策本質」及「行為目標」兩個面向建構不同研究途徑之預算決策理論模

式（表2-2），描述及解釋財政失衡下預算決策過程。其中「實質理性決策模式」偏向「經濟面向」，乃假設在完全確定與資訊充分情況下，個人偏好可清楚界定，並以最大化效用為目標做出最佳選擇的決策過程，福利經濟學及公共選擇學派均持此基本假設，分別在追求公共利益及個人利益之下進行決策分析。而「程序理性決策模式」則偏重「政治面向」途徑，基於不確定性、資訊不完全及計算能力限制等假設，認為決策者僅能追求「滿意」的結果，而非「最大化」目標。決策者經常只能使用過去累積的資訊、經驗及選擇性的直覺判斷作為決策依據，傳統政治學及新制度經濟學均屬於此模型之研究理論。

表2-2　公共預算決策與理論研究分類

行為目標　　　決策本質	實質理性	程序理性
公共利益	福利經濟學的研究 傳統規範性之理論	傳統政治學的研究 遞增主義
個人利益	公共選擇學派的研究 官僚預算行為理論	新制度經濟學的研究 交易成本理論、代理人理論、 共同資源理論、利益團體理論

資料來源：徐仁輝，2001：56。

　　臺灣長期性財政失衡形成結構性財政赤字，顯然已非單純傳統財政收支失衡問題，外在政治環境、制度之改變對於預算決策過程產生重大影響力，以權力為主要分配資源的政治手段逐漸凌駕於以理性效率為價值的經濟手段，程序理性模型成為當代政治經濟環境下較具解釋力的決策分析模式。惟傳統遞增主義在財政失衡的情況下，失去解釋力，因此新制度經濟學成為詮釋財政失衡下之預算決策過程之理論基礎。茲將新制度經濟學之基本概念及與預算相關之觀點分別說明如下。

一、新制度經濟學之論述基礎

新制度經濟學探究個人如何在既定制度之下做決策，以及制度供給、需求及其變遷等議題，認爲個人是在制度約束之下追求效用最大，而個人之所以願意遵守制度約束，主要係因制度可以降低不確定性、風險與交易成本，並建立相互預期的行爲，有利於個人目標實現（Langlois, 1986: 1-2; North, 1990: 17-27; Miller, 1992: 19-35; North & Weingast, 1989: 804-805）。新制度經濟學乃探究「中階」（meso-level）理論之研究場域，將其導入公共預算研究領域，是一種建構預算決策理論的創新嘗試，透過「制度」對個人決策的影響來分析預算行爲與決策（Peters, 1991: 320；徐仁輝，1999：25）。雖然學者對「制度」的定義有些許差異[4]，但廣義來說，制度即人類爲了規範管理彼此間互動行爲而設計的限制，包括正式法令規章、契約以及非正式的文化、價值觀及行爲規範等。爰此，所謂「預算制度」便包括正式法令規章、作業流程及參與預算決策過程中所有人員的互動模式、習慣、行爲規範與文化等非正式制度。決策過程之制度設計，是政策執行成功的重要關鍵（Poterba & Von Hagen, 2008: 235; Strauch & Von Hagen, 2000: 189-235; Kirchgässner, 2001: 9-12）。

學者Ostrom（1986: 459-75）曾以制度性階層模型闡述預算制度在決策過程中的地位。Ostrom將預算制度區分爲三個層次，依序爲「憲法性選擇」、「集體性選擇」及「操作性選擇」，層次之間有從屬關係，其中「憲法性選擇」位階最高，包括憲法、預算法、財政收支劃分法、公共債務法及其他與收支有關之正式法規。而法規層次將決定「集體性選擇」層次決策狀況之制度性安排，包括施政方針、預算籌編原則、預算編製辦法，及所有由上而下的財政規範等預算政策。待預算政策訂定之後，進而

---

[4] North（1990）認爲制度是人類設計的限制，用來影響人類的互動行爲；Williamson（1975）將制度定義爲治理結構（governance structure）；Ostrom（1986）則認爲制度就是一種規則（rules）。

決定第三層次「操作性選擇」之制度安排，包括各機關年度預算分配及施政計畫相關規定等。高層次決策決定低層次之制度規則，操作層次決策則影響到一般民眾，且各層次決策結果會有回饋的效果（如圖2-1）。政府面臨財政失衡時可採取合適之制度安排（包含法規、原則及計畫等），在預算決策過程中產生誘因或約束，透過制度互動引導相關行動者出現穩健財政之預期行為，至於個人或機關是否能回應制度、建立相互預期行為，是本文欲分析及詮釋之焦點。

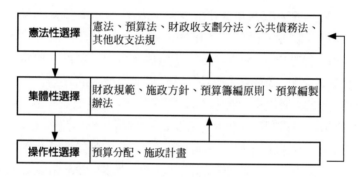

資料來源：修改自徐仁輝，2001：62。

圖2-1　預算決策制度性階層模型

基於上述之理論基礎及分析途徑，本文以交易成本理論、共同資源理論及代理人理論等新制度經濟學之核心概念，由「預算過程」、「預算紀律」及「預算監督」三個面向，對國內預算決策進行較深入而貼近真實意涵之分析及詮釋。茲將各理論重要概念及應用於預算決策分析之相關文獻分述如下：

（一）交易成本理論

交易成本係指交易時簽訂及執行契約之成本。由於所有交易均涉及不確定性、決策力限制及取得資訊阻礙，完成交易之成本是昂貴的，因此，交易成本最小化是有效率完成交易的關鍵。2009年諾貝爾經濟學

獎得主之一，新制度經濟學重要學者Williamson（1975: 26-103）提出影響交易成本之主要特性，包括不確定性、少數人協商（small-number bargaining）、有限理性、投機主義（opportunistic）、資產特定性[5]（asset specificity）以及資訊阻塞（information impactedness）等。公共預算環境不僅經常無法預測或控制，充滿不確定性；而且政府預算被視爲政府提供公眾服務的「財務契約」，契約一旦簽訂便形成少數人協商局面；預算過程中之參與者，無論是官僚或民意代表，其蒐集與處理資訊的能力有限，只能做「有限理性」的決策，可能導致預算決策過程參與者之間互不信任，而出現虛編預算的投機行爲；此外，預算過程中負責編製預算之行政官僚相較於審議預算之民意代表，擁有較完整之成本資訊，資訊阻塞將造成交易成本大幅提高。最後，跨年度、多年期計畫預算，還可能會出現資產特定性的問題（徐仁輝，1999：27-29）。在國家財政困難之際，預算決策過程之中處處可見影響交易成本的特性及所衍生之問題。

交易成本理論主張「制度」是爲了降低交易成本所設計，是促使預算決策有效率之關鍵，而制度的改變與演進，亦反應不同交易成本特性以及減少交易成本各種方法之運用（Coase, 1988: 157-186）。學者Horn（1995）以交易成本途徑，對於應享權益支出（entitlement expenditure）或強制性支出（mandated expenditure）比例偏高的現象，提出深具啓發性之詮釋。他認爲立法者爲了確保其個人利益，贏得選舉連任，必須對選民做出可信的承諾（credible commitment），換取選民信任以確保民眾利益不會因選舉結果而變化。因此，現任立法者有足夠誘因藉由立法方式，將某些攸關選民利益之支出「法制化」，贏得選民信任以解決可信承諾的問題。此舉不僅解決承諾問題亦降低代理成本及預算監督成本[6]，確保連

---

[5] 「資產特定性」是指一項資產無法重新被其他使用者作爲其他用途，而犧牲其生產價值的程度。資產特定性高，表示資產無法被其他使用者改作其他用途，犧牲生產價值的程度也高。資產特定性會造成契約雙方的依賴，進而增加契約的風險（徐仁輝，1999：28）。

[6] Horn（1995: 19）解釋代理成本係因委託人（立法者）無法確定其代理人（行政機關）是否會依照立法希望的方式來執行，而產生行政代理問題所衍生之成本，也就

任之利益（Horn, 1995, 2003: 110-113）。根據Horn的觀點，立法者爲了降低交易成本之自利行爲所創造出來的制度，直接影響政府預算政策及財政結構，長期將致使國家形成永久性之結構支出，特別是在財政失衡的情況，將使財政問題變得更加棘手。

　　1980年代美國及許多工業國家政府預算決策過程由個體預算過程（micro-budgeting）轉變爲總體預算過程（macro-budgeting）（LeLoup, 1988: 19-42），利用設定總體預算目標及財政規範來限制各機關預算需求之作法，即是降低預算交易成本之制度性設計。本質上，總體預算制度著重於解決預算失衡問題，訂定各種財政規範或預算平衡目標，有關總支出、收入與赤字，及預算分配方式均由上而下作成決策，預算過程集權化，預算政策及總體目標在籌編各機關預算需求前業已設定（Schick, 1986: 12-34; Rubin, 1992: 3-22），經過合法化過程並嚴格執行，對抑制赤字必然會產生一定作用（Davis, 1997: 20）。各國採行之總體預算措施，包括：總支出規模、各項支出上限（expenditure ceiling）、預算基線（budget baseline）、多年度預算（multiyear budgeting）、預算編製前的準備工作（pre-preparation）等等，提供預算決策參與者討論及協商的規則與立基，降低參與者彼此之間的協商成本，減少不必要爭執，有助於順利達成財政失衡下之預算協議及決策。

（二）共同資源理論

　　共同資源理論係探討共同耗竭資源產生所謂「共同財悲劇」（tragedy of the commons）的問題，常出現於缺乏財產權設定下之公共財，如水資源、油井、公園或公共漁場等。由於使用者都有過度使用這些資源的誘因，最後將導致資源枯竭及破壞。就財政而言，公共財務資源採

是促使行政者忠實執行立法原意的成本，以及若無法做到完美，立法者及選民所需負擔的損失。其中包括選擇行政者及監督其遵行的相關成本，使用事後矯正工具（獎懲和立法指示）之成本，以及任何其他未遵守立法而造成立法與執行之間的殘差非順從成本（residual noncompliance cost），因此將代理成本保持最低成爲一項明顯的誘因。

用「統收統支」方式，無論對行政或立法機關而言，即是具耗竭性之共有資源。行政機關有誘因爭取預算最大化，無視於整體財政困境，終致共同財政悲劇發生。

國家在面臨財政失衡時，自然更強調財政紀律工具之運用及其有效性。最常被使用之財政紀律工具乃於行政機關預算籌編階段之前設定總體預算相關制度安排，諸如預算額度、舉債上限等，此屬於行政組織之內部控制，是抑制支出的重要方式之一。各國實證研究發現，籌編預算之前設定各機關支出額度及債務上限，可有效抑制政府規模及債務餘額成長（Von Hagen, 1992: 75），內部控制之財政紀律愈嚴格，赤字規模及債務比率相對較小（Gleich, 2003: 14; Campos & Pradhan, 1996: 260- 261）。除了正式法律的規範之外，財政主管之權力高低也影響控制支出之成效。德國學者Gleich（2003）探討中歐及東歐10個國家其預算制度與財政表現之相關性，發現在預算決策過程中，財政首長擁有主導預算程序中內部協商的權力，具有監控預算之支配、彈性並管理預算決策過程資訊公開與流通。基於其專業能力、使命感及協調分配之權力，較能有效抑制赤字及債務之累積（Gleich, 2003: 14）；亦有其他文獻也認同預算主管機關較集權並具有合作協調性者，較有能力提升財政紀律（von Hagen & Harden, 1995: 24-26, 779; Hallerberg & von Hagen, 1999: 209-232）。綜言之，若欲有效抑制支出及赤字，必須制度性誘使行政機關人員及民意代表控制對於公共支出的需求。

Gleich（2003: 10-35）探討中歐及東歐國家在1994-1998年期間預算過程之各項制度與財政成果之間關係的跨國實證研究中，以von Hagen（2002: 263-284）之研究成果爲理論基礎，依不同預算過程（編製、審議及執行階段）建構一組代表財政紀律之操作性指標，其中預算編製與執行階段之指標，可用來衡量行政機關財政紀律（自律）之程度（表2-3），而審議階段之指標則可用於表示立法機關監督預算（他律）的強弱程度（表2-4）。

表2-3　行政機關財政紀律效能之指標[7]

評估指標	財政紀律		
	強	中	弱
是否訂定法定財政限制	有預算平衡規定	有公債舉債上限	無訂定舉借限制
預算決策的順序	1.預算籌編時，財政首長設定未來總體及特定之預算目標 2.財政首長提議，由內閣決定預算整體目標；各局處在編製支出預算前先訂定支出上限	在各機關編列支出預算前，財政首長提議，經內閣同意訂定預算總體目標	1.以基本預算要求為基礎訂定預算目標 2.未訂定任何預算目標
概算的協調與彙整	預算主管機關會與支出部門進行雙邊協商		預算主管機關僅蒐集預算要求並彙整
行政首長協調預算分配之權力	財政首長或行政首長有權力否決行政院（內閣）的決議	經資深行政院幕僚單位商議後，再送行政院會協商	由行政院會集體協商
執行期間改變預算總額的彈性	任何總歲入、歲出或赤字的增加都需要經過立法機關同意	1.在不增加赤字的情況下，額外的收入可以在不經過民意機關同意就用來增加支出 2.只要預算餘額不變，無須民意機關同意的情況下可同時增加收支	政府可自由裁量
不同機關之間支出經費的流用	須經民意機關同意	1.機關之間經費的流用須經財政首長或行政院批准 2.有限制	無限制可自由流用
未使用經費能否結轉次年度使用	不允許	1.在取得財政首長同意後得結轉下期使用 2.有限制	無限制可自由結轉下期使用
對於財政收支惡化有一定的程序來因應	1.財政首長能夠限制支出 2.行政院能夠限制支出	需要經過民意機關同意後才能限制支出	不採取任何程序及行動

資料來源：取自 "Budget Institution and Fiscal Performance in Central and Eastern European Countries," by H. Gleich, 2003. ECB Working Paper No. 215, p. 14.

---

[7]　本文係參考Gleich所設計之問卷題項，依據每一項評估指標所設定之不同次指標之分數高低，將其區分為強、中、弱三組，分別代表對財政紀律效能之程度。

表2-4　立法機關財政紀律效能之指標

評估指標	財政紀律		
	強	中	弱
修正預算案之限制	1.對預算案不能為增加支出之修正 2.某些個別修正無效		無任何限制
表決的順序及頻率	開始就逐一表決總收入、支出及赤字規模進行表決		對整體預算案進行表決
行政與立法的相對權力	1.內閣可以結合預算發動信任投票 2.若立法機關於財政年度開始未依法完成預算審議，預算案亦可執行 3.立法機關未依限完成預算審議，可被解散		無特別規定
總統否決預算的權力	沒有任何權力	總統有否決權	總統雖有否決權，但多數人要求推翻否決權

資料來源：取自"Budget Institution and Fiscal Performance in Central and Eastern European Countries," by H. Gleich, 2003. ECB Working Paper No. 215, p. 14.

（三）代理人理論

　　代理人理論主要係探討契約關係之中，合作雙方目標不一致時所引發之代理問題（Jensen & Meckling, 1976: 305; March & Olson, 1984: 734-749; Eisenhardt, 1989: 60）。在代理關係中，代理人（agent）比委託人（principal）擁有較多關於受指派任務及其個人能力與行為之資訊。由於資訊不對稱之故，代理人會利用這種測量其產出與結果所需要之高成本（加強監督或資訊蒐集的交易成本），出現怠忽職守（shirking）或投機行為（徐仁輝，1999：30）。為預防這種怠忽職守或投機行為產生，代理人理論強調契約的重要性，認為適當的契約不僅能協助委託人監督代理人行為，亦可使兩者利益結合（Jensen & Meckling, 1976: 330-335）。

倘若委託人尙能掌握代理人行爲資訊，則契約內容應偏重行爲之規範；反之，則應偏重結果的規範（Eisenhardt, 1989: 68-72；徐仁輝，2001：10）。

公共預算是民意機關授權行政官僚使用公共資源之法定文書，預算金額就如同民意代表向行政官僚購買公共財貨或勞務之價格。預算一旦審議通過，就形同購買契約成立，法定預算即爲正式委託契約，行政機關必須在法定預算規模下完成應辦理之施政計畫。行政機關爲代理人而民意機關爲委託人，事實上代理人問題即爲「監督」問題，亦即如何能在資訊不對稱情況下，透過監督工具來決定行政機關產出的最佳數量及最低成本。Niskanen（1971: 24）曾以資訊不對稱情況下的「雙邊獨占賽局」解釋立法與行政之間關係：行政機關瞭解提供公共服務或財貨之眞實成本，一心追求預算最大之行政首長，有充分資訊瞭解若要爭取最多預算時要提供多少產出，以及要達成這個產出水準之預算需求；相對地，立法機關之所以「接受」行政機關提出之預算需求，一來是立法機關「願意支付」以換取對選民之公共服務，更重要的是立法機關可能缺乏對預算需求成本之相關資訊，無法要求行政機關用較低成本來提供財貨勞務，而做出「逆向選擇」之決策。

因此，資訊不對稱之賽局，結果是立法機關總是以過高的價錢向行政機關「購買」產品。當然，立法機關未必像Niskanen所言那麼完全「一無所知」，他們可以運用監督功能找出其願意支付的價錢與最小供應成本間之差異，像是稽核行政預算，使行政機關產出成本儘量接近立法者所期望之成本；或者嚴懲浮報預算之首長，制定「懲罰性預算」措施（Bendor, Taylor & Van Gaalen, 1985: 1041-60; Horn, 1995: 91），一旦發現浮報，就只撥給小額的「懲罰性預算」，定可促使行政首長透露眞實成本。然而上述監督工具的運用受到相當程度限制，例如：正確的稽核既困難、成本又高；懲罰行政首長卻不使選民或立法機關受到連帶傷害相當不易。更何況立法者之間利益衝突，嚴重侵蝕使用事後措施以糾正代理問題的能力。

二、預算決策之研究架構

預算決策受到政經環境及制度之衝擊，預算學者Rubin（1992：3-22）認爲未來預算理論凝聚爲單一學派的機會不大，過去風行一時的遞增主義將無法合理解釋財政失衡狀況之決策。因此，對於當前預算決策模式提出有用的預算決策研究途徑及解釋，是深具意義的研究工作（徐仁輝，2001：4）。本文以新制度經濟學爲研究途徑，針對當前深受外在環境與制度影響的預算決策模式，由預算決策、預算紀律及預算監督三項議題面向，提出具解釋力之詮釋。綜上所述，新制度經濟學理論運用於預算決策之研究架構如圖2-2。

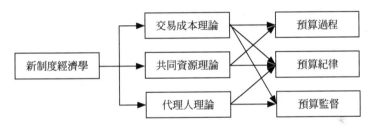

資料來源：修改自徐仁輝，2001：12。

圖2-2　新制度經濟學理論運用於預算決策之研究架構

參、研究設計及方法

新制度經濟學研究途徑重視「制度」對於個人行爲之影響，目前臺灣預算決策過程無論是籌編或審議階段，均屬菁英決策模式，因此對於菁英行爲模式之觀察，是進行決策分析之核心。惟進行決策分析時，行爲意涵（meaning）無法直接觀察卻又比表象更爲重要，因此意涵的眞實必須仰賴省思（reflection）及詮釋分析（interpretive analysis）作爲途徑。

在研究設計上，本章採用詮釋型政策分析（Interpretive Policy Analysis）爲研究方法，詮釋型政策分析是一種後實證政策分析（postempiricist policy analysis）方法，將特定政策爭論中多元而衝突的論述揭露出來，透過歷史、角色、制度系絡來探索這些相互衝突論述的來源（Fairhead & Leach, 1998: xviii-xxv）。Yanow（2000: 6）解釋詮釋型政策分析，是將焦點從工具性行為分析（如：成本、利潤及選擇點的價值等）轉移到對社會意涵（如：基於理想的價值、信念及感情等）的表達。Kaplan（1993: 170）曾以預算編製過程為例解釋政策詮釋分析，指出在預算過程中，行政人員要能預測預算過程中其他行動者會如何回應自己提出之預算案，例如機關預算編製人員必須自問：「預算局（OMB）官員對此預算計畫書有何反應？」這種對反應能力之解讀及預測，是一種高度有價值的技能，也正是詮釋的核心（Fischer, 2003: 141-146）。

詮釋政策分析的基本研究步驟包括：（1）確認所謂的「人造事實」（語言、物體或行為等）其中所負載著特定政策的意涵。（2）確認與政策相關之意涵、詮釋、演講或實務界之社群。（3）政策分析者尋找相關的論述及其特定的意涵。（4）確認論述衝突點及其概念的來源及反應不同社群存在不同詮釋的現實（Yanow, 2000: 22; Fischer, 2003: 147）。訪談、觀察及文本分析是詮釋政策分析蒐集資料（人造事實）的主要方式，前述國內的預算決策過程目前仍屬菁英決策模式，因此本研究以立意抽樣方式，選擇曾實際參與預算決策過程之行政、立法機關之關鍵成員及學理實務兼具之財政學者專家作為研究對象（社群）。共計訪談行政院主計總處、財政部曾參與預算決策之成員2位，立法院重要預算幕僚及資深立法委員幕僚2位及具實務經驗之財政學者4位等8位曾參與國內預算決策之菁英，受訪對象如下表2-5所示。

表2-5　深度訪談之受訪對象

序號	編號	訪談日期	單位
1	A1	2011/03/29	主計機關副首長
2	A2	2011/04/14	財政部所屬行政機關首長
3	B1	2011/03/21	立法機關重要幕僚

序號	編號	訪談日期	單位
4	B2	2011/04/01	立法機關重要幕僚
5	C1	2011/03/22	財政學者，前行政機關首長
6	C2	2011/03/24	財政學者，前主計機關首長
7	C3	2011/03/29	財政學者，前主計機關首長
8	C4	2011/04/01	財政學者，前主計機關首長

訪談大綱如下：

一、當前國家財政因長年赤字，稅收增加困難，財政吃緊，但「法定支出」及「社會福利支出」仍逐年成長，造成支出僵化的情況。就資源有效配置而言，您認為政府該如何因應這個問題？

二、您認為公務機關編列單位預算時之基本態度為何？是只求維持機關運作之基本支出？或儘量爭取機關預算？抑或是理性編列適當預算？

三、政府由民84年開始實施「歲出額度制」，政府在籌編預算時，由財主機關預估明年度總體經濟指標及稅收總額，再據此「量入為出」決定歲出額度，這項作法行之有年，您認為其對政府支出之約束力如何？

四、過去政府行政部門對於財政紀律之相關措施，執行成效如何？若預算需求單位提出大幅支出要求時，財主機關如何進行有效之內部談判及協商？此項財政紀律規範容易受到政治景氣循環（如選舉年）所影響嗎？影響程度如何？

五、政府會考量選舉承諾、施政目的或因天災、經濟大環境變動等因素，而須增加歲出，但在總預算籌編階段，財主機構又必須「量出為入」，儘量籌措所需財源（如變賣財產、增加非稅收入等），而非僅靠舉債方式因應，這種「財政永續」之理財觀念，您認為行政機關目前執行成效如何？整體財政政策是否應持續下去？制度上是否存在有利（或不利）於財政永續之問題？

　　六、民主國家中，抑制赤字或歲出成長的另一股力量為國會或立法機關，「議決預算」乃其基本職權之一，為人民看緊荷包是其重要工作。因此，您認為過去或當前我國審議預算過程中，立法委員對於「抑制赤字」有何具體之作為及法案提案？成效如何？

　　七、在公共預算的決策過程之中，行政機關及立法機關各自有其不同之目標及動機，就「抑制赤字、減輕公債壓力」而言，你認為哪個機關所能發揮的功能較大？為什麼？

肆、預算決算之分析與詮釋

　　臺灣中央政府於1994年開始採取一連串總體預算政策與改革，由於經濟環境特質、因應天然災害之救援，以及民主轉型及人口結構變遷導致法定應享權益支出增加等等政經因素，不斷衝擊臺灣的財政環境，無論是基於促進經濟發展之建設計畫、主張社會正義的社會福利措施，抑或非預期不可抗力之災害援救支出，導致整體財政的長期失衡。本章希望藉由新制度經濟學理論概念，提供一個不同於傳統預算決策理論之詮釋方式，描述及解釋臺灣長期財政失衡的現象。

　　茲以「預算過程」、「預算紀律」及「預算監督」三個預算決策面向分析詮釋如下：

一、預算過程之詮釋

（一）總體預算制度之長期效果有限

　　1995年起臺灣因財政急速惡化，陸續推動若干重大預算政策及制度改革，主要目標在於控制預算成長與赤字，包括：「歲出額度制」改變預算編製方式、落實零基預算精神、制定「公共債務法」對債務規模及赤字設限、以「隨收隨付」（pay as you go）之精神建立自償性公共建設預算

制度，及推動中程預算制度等，新制度經濟學如何解釋這些制度對行政機關之控制？這些行之有年之政策及制度改革，是否仍對行政機關具有約束力？

當立法者（民意代表）透過行政機關提供公共財貨或勞務給選民時，就是成本最分散、資訊不對稱最嚴重的時候。因為民眾繳交租稅由政府統籌運用，公共財貨或勞務的提供基本上呈現「利益集中、成本分散」的本質，個別民眾因分擔成本小，因此監督行政機關管理或參與決策過程的誘因極小；而且仰賴行政機關所產生的資訊與誘因來控制公共財貨的提供，交易成本相當高。一般而言，行政機關幾乎壟斷所有取得產出成本、替代行動及施政影響資訊之來源；因此，理論上由行政機關本身進行「瘦身」計畫是最理想的，特別是在針對個別機關之預算控制及協助零基預算精神及成本效益分析之推動，應有其成效。臺灣在1990年代中期之後所採行的財政穩健措施，改變行政機關預算籌編過程及習慣，改變以遞增主義為預算編製的傳統作法，總體預算制度短期間確實產生預期效果。

> 這一定會有，一定會有，……有這樣子歲出框列……，可以……讓各個政事單位……很清楚有一個預算編列的……目標，……可以從這裡面去展現出政府在每一年他可能會希望他的政策推動的一個主力，……歲出額度制……，確實在編列上……，某個角度來講它是可以有助於……政事單位……在預算編列上面會有一個依據在。（B2）

> 其實這種額度制，當然……學理上來講，額度制應該是救急不救長，因為你一旦給了額度，你應該要發展它們一個方式，你不應該再繼續養他，你養了他，這個完全不零基，所以你可以挑戰額度制只能救急一兩年，就是讓他揮霍的習慣改變。（C3）

> 我覺得框了額度以後啊，……是有幫助的。在這個情況之下，比較容易……落實……零基的……精神，……你自己會篩

　　選。額度制絕對跟零基的精神可以搭配在一起，因爲我們在預算上經常講零基，但不是零基的運作，是零基的精神。（A1）

　　同時，在預算籌編過程中，抑制支出成長的關鍵因素，法定財政限制（如公共債務法）顯然具有直接影響力。這些來自外在條件及限制所形成的制度規範，Arestis, Cipollini & Fattouh（2004）等三位學者稱其爲門檻效果（threshold effects），他們認爲當政府赤字或債務水準接近「法定門檻」時，決策者必然即時介入降低赤字及債務水準，發揮控制效果（Arestis, Cipollini & Fattouh, 2004: 221-222）。惟修訂法律的交易成本較高，不容易變動，即使立法機關具有權力反制官僚偏好，行政機關產出難以明確界定，仍然使立法機關無法保證行政機關會將預算用於生產其所偏好的目的上；再者，公共服務投入與產出之間關係不確定，亦無法保證產出是以最小成本達成（Horn, 1995: 116）。因此，行政官僚可以自由地進行跨期預算移轉，那麼僅簡單設立支出上限，長期效果是有限的。

　　84年開始有額度制，但是額度制是沒有意義的，……我就先做先講得天花亂墜，整個從最好的標準來做，做完之後，到85年編預算的時候就拿這個去要，……沒要到怎麼辦，將將就就砍一砍、弄一弄，有的也往後延，……沒關係今年爭不到，明年再來申請。那能移就移，不能移的就急就章，那86年度發現錢還是不夠啊，那怎麼樣，再如法炮製，再把年度計畫移到87年，所以你永遠有一個美滿的計畫在未來，但永遠拿不到那麼多錢，所以這種額度制是沒有意義的。（C2）

　　此外，即使在額度制的總體限制之下，政府預算的共同資源特性，行政機關仍出現突破制度之投機行爲，像是特別預算「例行化」現象，即可謂是行政機關迴避年度預算限制而出現的投機行爲。

　　然後，常有額度外的支出，……，總統當選答應人家的，所以沒有錢怎麼辦？特別預算擴大公共建設，四年五千億，阿扁是五年五〔四〕千億，那馬總統上台是四年五千億，就是這

樣子，然後你看四年五千億，幾乎都是舉債來的，消費券八百多億，八八水災不曉得多少億。（B1）

　　歲出額度真的容納不下了，結果就搞一個排除預算法的限制。……就是那個特別預算太浮濫了啦……不是特別預算它的支出浮濫。那些事情也該做，我承認，你就要在總預算裡面，不要再去弄一個小口袋的意思。……原來沒有回到預算法裡面，特別預算是應該很嚴格的。結果我們變成是……經常性的預算也在裡面。（C1）

就中央政府財政收支的趨勢變化而言，在額度制的限制下，爲何在若干選舉年度仍能出現如此大幅度的收支缺口？這些行之有年之總體政策及制度改革爲何失去對行政機關之約束力？基於交易成本及共同資源理論之概念，上述問題以官僚投機行爲，便能理解行政機關如何策略性的在不違背總體預算政策之下增加支出。

（二）強制性支出造成財政結構化

支出「結構化」乃當前國內財政面臨的重大問題及考驗，其癥結又與法定支出及權益性支出的增加密不可分。交易成本理論詮釋政府應享權益支出及強制性支出比例偏高的現象（Horn, 1995; 2003: 110-113），認爲立法者爲了贏得選舉連任，必須對選民做出「可信承諾」；因此現任立法者藉由立法方式爭取具有法源依據之「強制性支出」，利用其難以變更之性質獲取選民信任；即使立法機關欲變動支出標準，修法之交易成本甚高，不容易達成。因此，立法者基於確保連任利益，會有高誘因將某些性質之支出法制化，以解決可信承諾問題。

目前我國及世界各國法定支出及權益性支出之類別，以社會福利支出比重最高，爲何選擇社會福利支出？難道只是社會發展的必然趨勢或福利國家趨使嗎？倘若立法者動機來自於想要解決承諾問題，那麼必然會尋找行政機關中承諾問題嚴重、而代理問題有限的支出項目來進行法制化過

程。一般而言，福利支出、償債及退休金等領域，這些支出項目有特定條件及對象，立法機關只需留給代理機關少許裁量權即可，代理問題不會擴大，而且支付規模可預先詳實敘明；且就接受這些社會福利的個別領受者而言，聲請法規裁量權力也相對容易，例如：此類支出項目要在法令中予以量化，相對較容易，況且個別受益者若不服行政決定，要向法院申訴也較不困難，代理問題有限。一旦解決了可信承諾問題，勢必對贏得選票及選舉利益有相當之助力：

> 80年代末期到90年代，最主要的是社會福利，這個部分跟選舉有關……跟民主發展有關，社會福利之重分配角色，是媒體關切的焦點……不管哪個政黨，社會福利法案，大體上是容易通過的。（A1）

> 社福支出裡面有一部分是政治妥協跟選舉妥協，有，絕對有那種東西，例如說有一些什麼津貼跟條例，部分津貼條例是這樣來的，來自於每次要選舉的時候就開支票，然後產生。（B2）

在選舉競爭激烈的情況下，現任立法者與未來立法者之利益有高度衝突，承諾問題變得格外重要。社會福利支出經常具有「延期付款」性質（如退休金、老人（農）年金等），現任立法者囊括所有好處，成本卻由未來立法者承擔，甚至未來立法者因選舉結果之不確定性，常無法對選民做出可信承諾而需承擔更高風險。因此，為能順利連任，解決承諾問題，使現任立法者負擔「拖欠成本」，將社會福利支出法制化是其爭取未來個人利益最可行的方式。社會福利支出一旦法制化，必須每年依法編列，無法依國際環境發展或財政條件彈性調整，非常容易成為政府財政上的重大包袱。臺灣在1990年代中期以後，民主政治轉型與選舉活動激烈競爭，選舉結果高度不確定性，致使法定支出比重日益增長，財政僵化無可避免的成為民主發展代價。

二、預算紀律之詮釋

由於公共預算「統收統支」之本質，無論對行政或立法機關而言，本質上均為「共同資源」。「稱呼一個人公僕，不會改變其人性」（Friedman & Friedman, 1984: 48；陳師孟，2006：225），在既定預算規模之下，各行政機關有充分誘因爭取最多預算資源，否則將被其他機關爭取使用。因此，各行政機關或主管本位主義作祟，汲汲營營爭取單位預算之集體行動，產生「共同財悲劇」之後果。

（一）官僚追求寬鬆預算最大化

臺灣過去行政機關編製預算之心態，說是「爭取績效」也好，「好大喜功」也罷，盡力擴大預算規模之目的，除了能擁有更多可用資源之外，確保職位上的安全也是重點（Galbraith, 2007: 207-222；陳師孟，2006：226-237）。同時，立法者為了爭取自身利益，也盡其能事在有利於本身預算決策中強化影響力。在預算決策過程中體現之「共同財悲劇」——預算赤字，自然是無法避免之事（Campos & Pradhan, 1999: 233- 263）。這種官僚爭奪機關預算之行為，與其說是Niskanan的「追求預算最大化」，以Williamson提出之「追求寬鬆預算（slack）最大化」來解釋可能更為貼切；一方面為政府規模成長提供合情合理之說法，另一方面也詳實描述組織之間競爭資源動機誘因，其本質上與共同資源理論相互呼應。

> 因為每一個本位主義……人就是有慾望、人就是自私。……這是一個基本的原則，所以每一個首長想要他自己的政績好，想要他自己將來的服務好，想要老百姓的全力支持，最後通通反映在投票率上，……就是要多花點錢。（A1）

> 可是每個政黨，機關首長都要新權，要新計畫，那就再用錢，那就再編啊，可是舊計畫有沒有考慮廢掉，還是繼續留著，可是這部分錢根本就是無效率。（B1）

　　　　政府機關……他們要捍衛他們自己的業務單位的預算，
　　然後怎麼樣個捍衛法，……他可能就是找其他的團體一起
　　來，……給你們立委壓力，就透過人民的力量來給你立委壓力
　　這樣子，……這在預算審議當中太常見了。（B2）

　　就Ostrom之制度層次模型而言，預算決策係屬「集體性選擇」之決
策階段，而預算決策過程中，相關之健全財政法規及財政首長擁有主導
預算程序中內部協商之權力，形成行政機關內部控制之財政紀律。依據
Gleich所建構之財政紀律指標，以國內現行法規規範及預算過程來檢驗臺
灣在預算籌編、審議及執行階段之財政紀律（表2-6），發現無論由行政
或立法機關，顯示臺灣在財政紀律的法規面似乎已具備相對有利於財政控
制之規範制度，但卻仍無法有效控制預算赤字的原因何在呢？

表2-6　臺灣行政及立法機關財政紀律之檢驗

評估指標	財政紀律		
	強	中	弱
行政機關指標			
是否訂定法定財政限制		○	
預算決策的順序	○		
概算的協調與彙整	○		
行政首長協調預算分配之權力		○	
執行期間改變預算總額的彈性	○		
不同機關之間支出經費的流用		○	
未使用經費能否結轉次年度使用		○	
對於財政收支惡化有一定的程序來因應	○		
立法機關指標			
修正預算案之限制	○		
表決的順序及頻率			○
行政與立法的相對權力	○		
總統否決預算的權力	○		

資料來源：作者整理。

（二）政治及經濟致使財政規範喪失糾正失衡的能力

　　國內之財政規範散見於「公共債務法」、「財政收支劃分法」、「預算法」等相關法規之中，長期以來逐漸喪失糾正財政失衡的能力，成為消極的財政紀律工具；因政治環境及選舉文化之故，建立積極的財政紀律工具並不容易。2003年財政赤字惡化、債務快速累積，以及選舉惡鬥政策買票殃及財政之情況嚴重，遂由當時在野之國民黨提出制定「財政紀律法」之提案，該法之主要宗旨為減少或排除政治與選舉因素之干擾以維護財政紀律。其中規範公職候選人或政黨不得政策買票之條文[8]，引起許多討論及爭議，卻被當時執政黨刻意忽視。雖然訂定「財政紀律法」之立場是中性的，並非針對任何特定政黨，但卻可能令執政黨陷入兩難局面，因為提議增稅將流失選票、喪失政權，這是執政黨刻意漠視此法案的主要理由之一，不惜以「拼經濟」為名，拼命支出、減稅，甚至立法院及在野黨只要提到「財政紀律」，就扣上「不顧百姓死活」的帽子：

> 　　有啦！！這個就在民國大概93年○○○有提出一個財政紀律法，後來民進黨反對，96年好像國民黨又提出來，……也是財政紀律法，後來也沒有過……政黨怎麼可能會讓它過，你提出來我就卡死他舉債。（B1）

　　在財政困難時期之財政決策，即使國家業已具有行之有年的財政紀律規範，仍需要其他相關機制輔助，以協助財政紀律能貫徹實行。Campos & Pradhan（1999: 237）兩位學者曾針對共同資源問題，統整三個不同學術領域之關注焦點，包括總體經濟學者所聚焦之控制政府總支出及赤字、公共行政學者所關心的提升政府管理技術效率以及財政學者所關注的配置效率等三項面向，提出解決共同財悲劇之其他輔助機制——「課責」及「財政透明」，將立法者及行政官僚違背財政紀律之成本內化，希望政治人物及行政官僚能為財政紀律之制度安排做出可信之承諾。

8　公職候選人或政黨於投票日六個月前選舉期間提出之政見，涉及增加政府支出或減少收入者，應具體指明彌補資金之來源。政見未說明財源或逕以舉債方式支應者，不得列入選舉公報。

三、預算監督之詮釋

　　預算審議完成後，行政機關必須依此正式委託契約完成年度施政計畫。惟雙方可能因利益不同、目標不一致且資訊不對稱而產生代理問題；因此代理人理論之核心議題在於「監督」，亦即研究如何透過制度安排讓民意代表能有效監督行政，或者說如何能使行政機關依照民意機關之偏好及利益來施政。

（一）制衡機制無法發揮

　　一般而言，行政機關負責編製預算，掌握提供公共財貨及勞務之真實成本，但最後結果常是立法機關以過高的價格，向行政機關「購買」產品，因此民意機關需掌握有效機制來監督行政機關。就臺灣目前立法機關審議預算的生態及過程而言，一來行政機關無論在資訊、資源及權力上都遠大於立法機關，立法監督成本實在太大，立法委員只能採取「統刪」方式，象徵性執行所謂「看緊人民荷包」的職責；特別在財政拮据時，立委關心的是選民資源是否被排擠，或爭取更多資源給轄區選民，至於財政平衡或赤字問題，是行政機關的責任。此等現象由2012年審議預算時爆發所謂立法委員自肥的「9A事件」[9]可具體顯現。然而，由行政機關角度而言，現行行政預算制度下擁有較大預算權力的行政機關，肩負預算平衡及國家財政穩健之責也是理所當然；再者，其維持財政永續之影響力也大於立法機關，特別是財政、主計機關之成員。現階段行政機關必須為達成財政永續之目標擔負較重之責任，但也顯露行政機關在財政困難之際，可能

9　2012底進行預算審議期間，對於立委補助款中有9項沒有法源依據引發社會輿論熱烈討論立法委員自肥之話題，此9項補助款包括：國會外交事務出國考察費32萬元、高速公路通行券費5萬7600元、汽油補助費31萬4880元、住宿補助費21萬6000元、文具郵票行動電話費42萬元、健康檢查補助費1萬4000元、服務處租金補助費24萬元、公費助理業務活動費4萬2000元、立法研究補助費10萬元等，這些每年共計172萬4480元（ETtoday東森新聞雲政治中心（2012）「9A立委」每年花2億蔡正元提案：補助應全數刪除。取自http://www.ettoday.net/news/20121025/118605.htm#ixzz3SvxeYAkg）。

面臨「又要馬兒好又要馬兒不吃草」之兩難困境：

> 反而能夠發生力量的是黨團，……他們的政治考量比較
> 多，對預算不care，……他們認為取得政權比財政赤字重要，
> 他們是從政治的立法去考量，反而是亂源。……講到赤字的時
> 候罵，可是實際所做的都是增加赤字的。（C1）

> 因為行政機關存在嚴明之財政紀律，尤其是財主機關之行
> 政官僚，長久以來維持著保守而穩健之機關文化，以我對於他
> 們的深刻瞭解，他們必然會為國家財政永續之長期穩健目標不
> 斷努力。（C4）

「制衡」機制在臺灣預算過程中似乎無從發揮，雖然審議預算是民意
代表之基本職權之一，White & Wildavsky（1989）兩位學者於1990年代
後期就曾表示美國預算決策的問題在於對公共政策選擇缺乏共識，民眾與
政客異口同聲反對龐大預算赤字，但對於影響自己選票之支出計畫卻都支
持到底（White & Wildavsky, 1989: 412-428；蘇彩足，1996：90）；同樣
問題也出現在近年臺灣最高中央民意機關之中，雖然少數財政委員較具整
體視野，曾致力於抑制國家債務及財政赤字，這種重視整體財政健全的民
意代表，畢竟只是鳳毛麟角，大部分以經營選區期求連任為主要目標之民
代，對於財政永續性之關切，遠遠低於對選區基層民眾之服務。因此，立
法機關在預算審議過程中，對財政赤字抑制之效果是非常有限的：

> 一方面是立法委員為民選，有服務選民之義務，而預算
> 的前端代表著某種公共服務計畫之提供，一旦刪除了預算，也
> 就無法提供公共服務，因此立法委員基本上缺乏刪減預算之誘
> 因。另一方面預算平衡的責任在於行政機關而非立法機關，立
> 法委員更無須負擔財政赤字之責任。因此，國內立法機關對於
> 預算之審議，只是一種形式上的必要。（C4）

> 我們的立法委員其實跟市議員有什麼差別，沒有差別，都
> 代表地方利益，地方利益的人你今天要去砍預算，為難老百姓

嘛，本來該花錢你不給他花，那老百姓覺得說政府本來……行政院答應給我們的錢你把它改了、砍了，你不是跟我為敵，所以立法委員哪敢砍預算啊，所以立法委員只砍什麼，只敢砍跟選民無關的預算。（C2）

（二）政治影響力大於理性監督

以當前臺灣預算過程而言，只要仍有連任壓力，少數人利益與民意代表之利益便有勾結的可能性，民眾對於公共建設及服務提供缺乏成本概念，便很難期盼民意代表對於整體財政穩健之長遠目標能有整體性之貢獻，對預算之「監督」，美其名只是在「報復」行政機關資源分配造成其利益損失而已，例如：以「策略性運用預算程序」作為討價還價或脅迫之工具。2003年預算審議過程中，當時民進黨少數執政，在野國民黨黨團準備「努力」刪減預算，卻擔心損及選民利益，因此策略性以虛編收入為理由，大額刪減行政機關之收入，由於行政機關之經常性收支依預算法規定需維持平衡，迫使行政機關自行調整刪減支出，以達到刪減支出之目的。惟行政機關「魔高一丈」以公布「不平衡預算」來回應，最後透過兩院協商後才落幕，行政及立法機關運用預算程序討價還價，結果不但無法達成「監督」目的，反而耗費更多社會成本。

綜言之，公共預算在本質上既是經濟的理性配置，更是政治的決策過程，國家財政結構化及收支失衡，是預算決策之最終產物。在決策過程之中，蘊涵著制度運作及權力分配過程。臺灣歷年來出現「結構性」財政赤字之常態，顯然已非單純傳統財政問題，外在政治環境、制度之改變對於預算決策過程產生重大影響力，以權力為主要分配資源的政治手段逐漸凌駕於以效率為價值的經濟手段。

本文以新制度經濟學途徑探討影響國家預算決策中「預算過程」、「預算紀律」及「預算監督」之問題。以交易成本理論詮釋為何國內預算過程中致力於降低財政赤字之總體預算制度長期效果有限、強制性支出日益成長之本質及支出結構化之現象及問題；以共同資源理論詮釋國內財政

紀律完備，財政情況卻日益惡化之矛盾現象，發現官僚仍存在追求寬鬆預算最大化的行爲，且由於政治及經濟因素致使財政規範喪失糾正失衡的能力；最後，以代理人理論描繪預算制衡機制無法發揮及政治影響力大於理性監督等監督體系弱化的現象。

第二篇
財務管理面向──地方
財務狀況評估與裁減管理策略

壹、地方財狀況困境

二十世紀以來，隨著政府再造的風潮倡導分權化，臺灣中央政府賦予地方諸多新的法定權責，加之以全球化與民主選舉考量，地方首長致力於公共建設，提供嶄新公共服務，導致施政經費需求不斷加大，自主財源不足，須仰賴中央政府資金挹注（Hood, 1999: 96；林健次、蔡吉源，2004：7）。地方雖然一方面極力爭取財政自主權，卻仍無法跳脫一直以來「中央集權、地方依賴」的財政關係（林健次、蔡吉源，2003；徐良維，2011：92-95；黃世鑫、郭建中，2007）。近年來，社會多元化發展，各級政府公共支出日益擴張；中央政府更在尚未規劃替代財源的前提下，推出減稅方案與社會福利措施，造成「中央請客，地方買單」的情況，使地方財政情況更加惡化。

臺灣過去討論解決地方財政困境的問題，聚焦於「資源分配」、「財政劃分」等法制途徑（徐仁輝，2002；趙永茂、陳銘顯，2010；徐良維，2011），分配的問題確實是臺灣公共財政上長久存在必須解決的問題，事實上，無論如何重新劃分，均解決不了各同級地方政府與不同級政府之間財政收入不均問題。面對當前地方自主財源比例偏低[1]之現實，

---

[1] 五都之自主財源比率，近十四年來（1998-2011）的平均值，僅臺北市將近七成（0.6959），其他直轄市均低於六成，臺南市甚至低於五成（新北市0.5741，臺中市0.5401，臺南市0.4467，高雄市0.5024）。

必須改變地方首長一直以來由爭取中央補助額及統籌分配稅款來改善財政的單一思維，導入公共財務管理觀念，學習企業之財務策略模式，以有效運用有限的財政資源，符合民眾的公共需求。

　　地方政府財務狀況評估之實務，國外已行之有年，衡量技術及工具日趨成熟，有助於地方政府進行預算及財務決策，更能提高財務規劃及管理能力。同時，對地方政府而言，財務狀況的衡量及分析，對財務政策制定具有下列三項重要意涵：（1）測量範圍較傳統財務績效（收入、支出及餘絀）指標更廣泛；（2）財務狀況之測量包含短期及長期，可作為短期評估及長期監控工具；（3）揭示影響政府財務狀況的社經及組織因素，包含民眾對於服務的需求及其支付意願（能力）等（Wang, Dennis & Tu, 2007: 4）。換言之，地方政府若能定期施行財政管理及財務狀況評估，不僅能發揮財政預警效果，有效監控政府財政狀況，還能早期發現問題，及時提出解決策略，避免地方政府出現財務危機（Coe, 2007, 2008）。

　　本章之主要宗旨在於應用財務狀況評估之理論架構及工具，建立符合國內系絡之衡量指標，為日益艱困的地方財政把脈，並試圖提供具體可行之策略，改善臺灣地方政府之財政狀況。爰此，本章之研究問題為：透過財務狀況評估，當前臺灣地方政府之財務管理出現什麼問題？哪些外在社經因素影響地方政府之財務指標？其影響之路徑因果關係為何？

貳、影響公共財務狀況的內、外在因素

　　公部門針對財務狀況的評估，較私部門晚了將近二十年，約在1980年代初期才逐漸受到關注。學界或實務界陸續發展出各種不同評估地方政府財務狀況之工具及指標（Brown, 1996; Groves et al., 1981; Hendrick, 2004; Kleine et al., 2003; Nollenberger et al., 2003; Ritonga et al., 2012; Wang et al., 2007; Zafra-Gómez et al., 2009）；許多革新的想法都是由企業草創，再應用至公部門，1990年代末期隨著新公共管理風潮，若干學

者提出公共財務管理改革運動，爾等稱之為「新公共財務管理」（New Public Financial Management, NPFM）運動（Olson, Guthrie & Humphrey, 1998; Guthrie, Humphrey, Jones & Olson, 2005; Padovani, Rossi & Orelli, 2010: 3），此項改革觀點主要著重於公部門的會計技術與工具運用、財務管理與支援公共管理改革之不同工具等，其中包括「財務報告系統之變革」、「商業基礎之發展」、「市場導向管理系統」、「公共服務提供及訂價結構」、「發展績效衡量途徑」、「公部門內外審計之變革」及「提供公共服務效率及效能審查」等不同的財務改革面向及元素。基於此觀點，各級政府財務持續性及財務健全受到更多關注，並提供更多客觀評量地方政府財務狀況之工具及技術。

　　一般而言，所謂財務狀況分析係指通盤評估組織財務狀況的健全性，除了用以確認組織財務狀況，更重要的是，它是一種「診斷及開立處方」的過程，找尋組織財務狀況之病因並尋求解決方式（Wang, 2010: 136）。針對組織之財務績效進行系統性分析，財務狀況被認為是透過淨資產、基金公平性或淨現金流量之變動所衡量之財務績效（financial achievement）（GASB, 1999; Chaney, Mead & Shermann, 2002; Wang et al., 2007: 3），Groves et al.（1981）及Nollenberger et al.（2003）等學者將類似的概念導入政府部門之中，不僅將政府財務狀況定義為「永續提供公共服務財源的能力」，更具體的以現金償付能力（cash solvency）、預算償付能力（budgetary solvency）、長期償付能力（long-run solvency）以及服務水準償付能力（service-level solvency）等四個面向來衡量政府的財務狀況，奠立政府財務狀況之基本衡量架構。此外，加拿大特許會計師協會（The Canadian Institute of Chartered Accountants, CICA）認為政府財務狀況等同於財務健全的概念，可從整體經濟及財務環境系絡之中的「永續性」（sustainability）、「脆弱性」（vulnerability）及「彈性」（flexibility）三個面向[2]來衡量（Ritonga et al., 2012: 38）。因此，與企

2　「永續性」係指政府能夠維持既有方案的運作，無需增加債務負擔即能符合人民要求的情況；「脆弱性」是指政府必須依賴國內或國際其他資源來支應財源的情況；

業財務報表分析類似，政府財務狀況的評量方式亦呈現多面向、多指標的評量模式。

　　一般財務狀況分析使用的時點，通常是例行性的會計（財政）年度開始或結束時，惟基於「診斷及開立處方」之本質，在組織出現意外事件、或面臨財務壓力或危機時，更是解決財務問題的重要手段。Kloha等學者指出地方政府處於財政壓力之下，財務狀況可能無法符合政府運作、債務及社會的需求，代表政府沒有足夠能力維持既有的服務水準。因此，財務狀況亦被視為政府是否有能力因應財政義務及公共服務之重要條件（Kloha et al., 2005; Jones & Walker, 2007; Hendrick, 2004）。當地方政府提供公共服務的資源受到嚴重限制，必須及時找到解除財政壓力或危機的策略，才有能力持續負擔其對民眾之財政義務及承諾（Carmeli, 2008; Coe, 2007, 2008）。

　　廣義來說，政府應當具備足夠財務能力來提供民眾所需要之服務水準，才稱得上有良好健全的財務狀況。由於公共財務管理本質之故，在評量政府財務狀況時，除了組織內部之財務因素外，必須考量影響公共財務狀況之外在（政經、環境等）因素。茲將影響公共財務狀況的內、外在因素說明如下：

一、內在（財務）因素

　　政府內在財務因素之評量方式，一般採用廣博理性（comprehensive approach）之衡量途徑，需仰賴完備而可信的政府財務資訊為基礎（Krueathep, 2010: 227）。因此必須發展出各類指標系統，用來評估各面向的政府財務狀況，類似企業財務報表分析中之靜態財務指標分析。例

「彈性」則指政府可以透過增加收入或舉債能力來提升其財務資源，以回應對於人民承諾的情況。

如：「財務趨勢監控系統」（Financial Trend Monitoring System, FTMS）
（Groves & Valente, 1994）、「十點檢測法」（ten-point test）（Brown,
1993）及各種財務指標的建構（Kloha, et al., 2005; Padovani, et al., 2010;
Ritonga, et al., 2012; Wang, et al., 2007）等均屬於此觀點之文獻。

　　針對地方政府財務因素之評量，目前較常被採用的是學者Groves
（1984）所提出之四個指標面向，其概念性定義整理如下表3-1。此類比
率分析結果將有助於地方政府內、外部門人員進行有效之政策建議，應
用比率分析瞭解、控制與改善地方的服務績效，評估地方政府的服務效
率；或應用比率分析決定地方政府的償債能力，及判斷支付利息的能力等
財政決策。因此，除仰賴政府公布之會計或財務資訊外，也有學者利用
信評公司所公布之信用評等資訊及城市總生產毛額（Gross City Product,
GCP）來評估都會型地方政府的財務狀況。信用評等一般透過「經濟」、
「債務」、「財務」及「行政或管理策略」四個面向的互動來評估信
用風險（Lipnick, et al., 1999; Marquette, Marquette & Hinckley, 1982;
Petersen, 1980）；學者Aten（1986）提出透過對都會型地方政府的生產
總額來評估政府財政狀況，但以上兩種方法之採用都有其侷限性及缺點
（Krueathep, 2012: 227）。

表3-1　政府財務面向指標

指標面向	概念性定義
現金償債能力 （cash solvency）	指政府具有足夠的現金或流動資產，在短期間（30或60天內）支付其負債的能力。
預算償付能力 （budget solvency）	係指政府在預算期間內，具有足夠的收入來支應施政支出。
長期償付能力 （long-run solvency）	指政府具有足夠能力支付其所有經營成本，包括每年度之經常性支出及非經常性支出，非經常性支出包含年金支付、固定資產的維修與更新等。
服務水準償付能力 （service level solvency）	乃指政府是否具有足夠能力提供人民所希望的公共財貨與勞務，無論質與量均需兼顧。

資料來源：Groves, 1984; Wang, et al, 2007.

　　學者徐仁輝（2009）認爲廣博理性觀點所採用財務趨勢監控系統（FTMS）之12項基本因素及41項指標，可供作地方政府評估財務個案參考。李允傑及劉志宏（2010）採用FTMS的精神，對臺灣地方財政管理指標進行評估研究，由「收入面」、「支出面」、「調節面」等三個面向，提出適合評估地方政府「財政努力」之指標。民間組織「參玖參公民平台」於2014年與平面媒體合作，由多位財政專家學者運用企業財務經營的指標，依2012年各地方總決算審核報告書之內容，進行「臺灣二十縣市財政昏迷指數」之評比，發現「地方財政昏迷指數[3]」不到4的縣市，共有11個，比例爲55%，亦即全臺超過一半的縣市，財政狀況不是屬於「中重度昏迷」，就是「瀕臨腦死」（詳見圖3-1）。這種採用企業財務指標方式進行地方政府之財務調查，是臺灣首度採行廣博理性觀點所進行之實證研究，不僅可評量過去的財政情況，更能爲未來建立一套永續觀察的指標（楊少強，2014：118-126）。

　　由於地方政府的財務狀況同時受到內、外在因素雙重影響，除了內在財務資訊之外，尋找影響轄區財務條件之外在因素，不僅能確實評估地方政府財務狀況及績效（Carmeli & Cohen, 2001: 894; Krueathep, 2010; Zafra-Gómez et al., 2009: 154），也能協助地方政府找尋財政病因開立處方。

3　「地方財政昏迷指數」借用醫學上的「昏迷指數」的概念，即當一個人昏迷指數愈低，表示程度愈嚴重，恢復的可能性也愈小，亦即當地方財務昏迷指數愈低，意味著該縣市財政狀況越糟，破產的可能性愈大（商業周刊，2014：121）。

資料來源：商業周刊。

圖3-1 2012年地方財政昏迷指數

二、外在（社經、組織等）因素

評估地方政府財務狀況時，外在社經因素常被視為評估民眾需求及偏好的「代理值」（proxy values），能據以瞭解民眾所需要財貨或勞務的質與量（Berne & Schramm, 1986; Boyne, 1996; Zafra-Gómez, et al., 2009）。因此，影響公共財務狀況的外在因素，對於衡量財務指標的重要性必須加以考量（Boyne & Enticott, 2004; Andrews, et al., 2005;

Andrews, et al., 2006; Groves, et al., 2003）。然而，影響財務狀況的外在
條件，隨著各國地方政府社經系絡不同而有所差異，可以是靜態或動態兩
類[4] 條件（Wang et al., 2007: 19）；學者Carmeli（2008）評估以色列地方
政府的財務狀況，認為以色列地方政府之財政健全與否，與結構因素、
組織因素與共生因素等三項外在因素[5]息息相關（如下圖3-2）。而Zafra-
Gómez（2009）等三位西班牙學者曾發展出八項社經指標作為西班牙評
量人口數超過1000人的2883個都會城市財政狀況之社經系絡因素，其中
包括人均所得、失業率、產業指標、商業指標、觀光活動指標、非勞動人
口、人口淨移入比率與人均住宅率等。

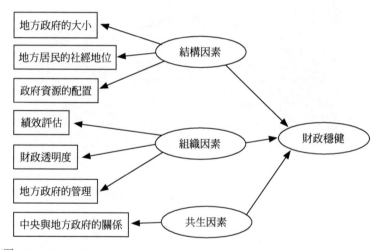

資料來源：Carmeli, 2008: 992.

圖3-2　影響地方政府財政穩健之外在因素及指標

---

[4] 靜態社經條件包括「人口」、「人均所得」（personal income per capita）、「人均
地方生產毛額」（gross state product per capita）等；動態社經條件則包括「人口成
長率」、「就業變動率」、「個人所得變動率」、「經濟動能指數」（economic
momentum index）等。

[5] 結構因素之指標，包括地方政府規模大小、地方居民政經地位及政府資源配置等；
組織因素之指標則包括政府所進行的績效評估、財政透明度及地方政府的管理等；
共生因素係指中央與地方之關係。

學者姚名鴻（2011）研究臺灣地方政府財政赤字之實證分析，導入若干政經變項並分析其對地方政府財政狀況的影響，發現轄區居民可支配所得水準愈高，地方財政狀況愈佳；但低收入戶人口比例及失業率愈高，卻對地方政府之財政狀況帶來負面影響。

綜言之，基於地方財政問題之複雜性，評估地方政府財務狀況必須同時考量內、外面向之因素，才得以有效診斷及提出有利改善財政狀況之政策建議。內在財務指標提供地方政府經營及治理之整體財務績效資訊；而外在政經指標則指出地方政府所面臨的治理系絡特質，能提供地方政府找尋改善財務績效之可能因素，協助地方政府管理階層制定可行之政策方案。例如：倘若轄區的財務狀況與居民之失業率有反向關係，則地方政府便可基於改善財政而考慮研擬降低失業率之相關措施。

參、研究方法及架構

本研究進行地方政府之財務狀況分析，分為若干分析過程，包括：（1）確認分析範圍；（2）決定衡量指標並蒐集資料；（3）財務指標與外在因素關係之認定；（4）詮釋指標關係及提出策略建議。茲依分析過程說明如下：

一、分析範圍之確認

相對於企業，地方政府之財務狀況評估較為複雜及困難的主要原因，乃受制於財務資料公開揭露資訊不充分及其不可及性。企業財務指標之分析資料主要來自於財務報表，包括資產負債表、損益表、權益變動表及現金流量表；而地方政府之財務指標分析資料來源，則需仰賴各地方政府之決算審核報告。基於資料分析資料之一致性、可及性及可比較性，本

章所分析之對象，係指地方行政區劃中之直轄市、省轄縣市，共計22個地方政府，不含鄉、鎮及縣轄市；由於會計年度由民國88年起由七月制變更爲曆年制，考量資料分析期間之一致性，選擇民國90（2001）年至民國101（2012）年各地方政府所編制之總決算審核報告財務資料，共計十二年之年度資料爲分析標的。此外，由於民國99（2010）年底國內行政區劃有重大變革，除原有臺北及高雄兩直轄市外，臺北縣升格爲新北市、臺中縣市合併爲臺中市、臺南縣市合併爲臺南市，高雄縣亦併入高雄市。因此，爲符合現行行政區劃之地方政府規模，民國98年以前臺中市、臺南市及高雄市之相關財務資料數字，合併計入臺中縣、臺南縣及高雄縣之財務資料。惟高雄市民國91（2002）年至民國94（2005）年之總決算審核報告中未報告年度之財產量值（固定資產）資料，故以該地方政府固定資產前後年度之趨勢估計值估算之。

外在社經因素之分析，擇定攸關地方財政健全的兩項重要指標「預算支應能力」及「長期償付能力」進行社經因素與財務指標之路徑分析（path analysis）[6]。社經因素變數之資料主要取自中華民國統計資訊網之「縣市重要統計指標查詢系統」中所公布人口概況、人力資源、工商業概況、財政概況、社會救助及家庭收支等各縣市之相關統計資料，係結合橫斷面及時間數列資料之追蹤資料（panel data），分析期間亦爲2001-2012年。

二、財務指標之確認及資料蒐集

依據上述設定之研究範圍，內在財務指標之評估則採用學者Wang（2010）提出四個公共財務面向之八項指標（如表3-2）衡量架構評量臺

---

[6] 路徑分析（path analysis）由遺傳學者Wright於1921年提出，之後被應用於社會行爲學科之研究，主要分析研究變數間之因果關係。路徑分析係研究在時間上有前後次序之變項中，先發生的變項如何影響後發生之變項，一般研究者會依據理論提出因果模式，畫出「路徑圖」以說明各變項之間的可能因果關係。

灣地方政府之財務狀況。

表3-2 公共財務狀況之面向、指標、定義及判準

面向	指標	操作型定義	指標判準
現金償付能力	現金比率	$\dfrac{現金及等值現金+有價證券}{流動負債}$	比率高代表現金償付能力較好
	速動比率	$\dfrac{現金及等值現金+有價證券+應收款項}{流動負債}$	比率高代表現金償付能力較好
預算支應能力	營運比率	$\dfrac{總收入}{總支出}$	比率高代表預算支應能力較好
	自有財源[註]比率	$\dfrac{自有財源收入}{總收入}$	比率高代表預算支應能力較好
長期償付能力	淨資產比率	$\dfrac{淨資產}{總資產}$	比率高代表長期償付能力較好
	長期負債比率	$\dfrac{長期負債}{總資產}$	比率低代表長期償付能力較好
服務償付能力	人均淨資產	$\dfrac{淨資產}{人口}$	比率高代表服務償付能力較好
	人均長期負債	$\dfrac{長期負債}{人口}$	比率低代表服務償付能力較好

註：自有財源=稅課收入+其他各項收入+營業盈餘及事業收入=總收入－統籌分配稅收入－補助收入。

資料來源：Wang, 2010: 138-140.

三、財務指標與外在因素關係之認定

　　雖然外在條件隨著地方政府社經系絡不同而可能有所差異，惟臺灣幅員不大，各地方政府之社經系絡仍具有一定共通性，本章參採國內外文獻中研究地方財務狀況時所考量之一般政經外在因素，選擇五項社經系絡變數（如表3-3）進行路徑分析，探索外在社經系絡對財務指標之可能因果路徑，如前述選定兩項攸關地方財政穩健之財務指標「預算支應能力」及

「長期償還能力」為主要分析對象，探索影響此兩面向之四項財務指標之外在系絡因素及其因果關係，路徑分析結構如圖3-3所示。

表3-3　外在社經系絡變數及其定義

變數	概念型定義
人口	戶籍登記人口數
低收入戶人口比率	經政府核定有案之低收入戶人口數占該縣（市）人口比
工商指標	營利事業銷售額
產業指標	都會中與產業活動有關產生地方稅收，如來自營利盈餘與事業收入，以及農林漁牧產值之總合
可支配所得	平均每人每年可支配所得
失業率	指失業人口占勞動力之百分比

資料來源：修改自Zafra-Gómez et al（2009: 156）、姚名鴻（2011）。

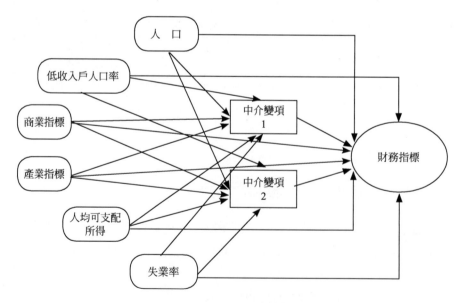

圖3-3　路徑分析結構模型

肆、臺灣地方政府之財務狀況

對企業而言，透過財務報表分析，不僅能協助投資人及債權人進行好的投資或融資決策；亦可瞭解企業現在營運體質是否健全，經營績效是否良好。同樣的，運用各項公共資源所呈現之財務結果資訊所計算之公共財務指標，不僅能讓民眾瞭解地方首長之執政績效，作爲課責工具；更重要的是，財務狀況分析是一種診斷財務健全與否的過程，能剖析地方財政問題，並提出有效之改善建議。

本節將說明臺灣地方政府財務指標估算之結果，並解讀其所透露之訊息及意涵；並於下一節確認指標與外在系絡因素之間的關係，藉以評量臺灣地方政府當前之財務狀況。

依據臺灣各地方政府近十二年來之相關財務審計資料，衡量不同面向之財務指標，針對各地方政府橫斷面及縱斷面分別判讀及分析指標評量之初步結果。首先，以「現金償付能力」面向而言，現金比率及速動比率較高的地方政府，代表現金償付能力較佳。表3-4顯示全國現金比率最高的前五個縣市依序爲金門縣、連江縣、彰化縣、基隆市及桃園縣，而最差的五個縣市依序則爲臺北市、臺東市、新竹縣、雲林縣及高雄市；而速動比率之全國排名，最佳的前五縣市依序爲金門縣、連江縣、高雄市、基隆市及嘉義市，而最差的五個縣市依序則爲新竹縣、苗栗縣、宜蘭縣、臺東縣及花蓮縣。整體而言，外島之金門縣及連江縣，以及基隆市的現金償付能力較佳，而臺東縣及新竹縣則有待加強。

「營運比率」用於評量地方是否有充分的收入來支應支出，當比率爲1代表收入恰好足夠償付支出，小於1表示預算償付能力較差，大於1則表示預算償付能力較佳，比率愈高表示償付能力愈佳。「自有財源比率」可評量地方財政的依賴程度，自有財源比率愈高，表示財政獨立性愈高。下表3-5顯示各地方政府在預算支應能力之評量結果，由評量的結果得知，臺灣各地方政府之營運比率大於1的縣市僅有金門、臺北市及連江縣，事實上各縣市之營運比率並不差，即便是小於1，平均數值均在0.8以上。自

表3-4　臺灣地方政府「現金償付能力」面向財務指標之評量

單位：新臺幣萬元

區域	縣市	現金比率	地區排名	全國排名	速動比率	地區排名	全國排名
北部	臺北市	0.07(.03)[註]	6	22	0.31(.18)	5	17
	新北市	0.14(.05)	3	9	0.37(.08)	2	11
	桃園縣	0.23(.04)	2	5	0.31(.05)	4	16
北部	基隆市	0.26(.13)	1	4	0.72(.20)	1	4
	新竹市	0.11(.04)	4	13	0.36(.19)	3	12
	新竹縣	0.09(.03)	5	20	0.18(.05)	6	22
中部	苗栗縣	0.10(.01)	4	17	0.26(.06)	5	21
	臺中市	0.12(.02)	3	10	0.40(.08)	3	10
	南投縣	0.19(.08)	2	7	0.45(.11)	1	7
	彰化縣	0.27(.05)	1	3	0.42(.07)	2	9
	雲林縣	0.09(.02)	5	19	0.34(.04)	4	13
南部	嘉義市	0.12(.03)	1	11	0.54(.13)	2	5
	嘉義縣	0.10(.03)	4	16	0.44(.06)	3	8
	臺南市	0.11(.02)	3	15	0.34(.19)	5	15
	高雄市	0.10(.05)	5	18	0.83(.58)	1	3
	屏東縣	0.11(.03)	2	14	0.34(.09)	4	14
東部及外島	宜蘭縣	0.15(.02)	4	8	0.28(.04)	6	20
	花蓮縣	0.12(.04)	5	12	0.31(.07)	4	18
	臺東縣	0.07(.09)	6	21	0.29(.11)	5	19
	澎湖縣	0.21(.05)	3	6	0.47(.06)	3	6
	金門縣	2.55(.72)	1	1	2.95(1.03)	1	1
	連江縣	0.65(.20)	2	2	0.99(.06)	2	2

註：數值為縣市財務指標之平均值，括弧數字為標準差。

資料來源：審計部。

表3-5　臺灣地方政府「預算支應能力」面向財務指標之評量

單位：新臺幣萬元

區域	縣市	營運比率	地區排名	全國排名	自有財源比率	地區排名	全國排名
北部	臺北市	1.01(.11)[註]	1	2	0.62(.02)	1	1
	新北市	0.93(.08)	3	14	0.54(.07)	4	5
	桃園縣	0.91(.11)	4	16	0.55(.04)	2	3
	基隆市	0.93(.04)	2	12	0.33(.05)	6	11
	新竹市	0.90(.08)	5	17	0.55(.05)	3	4
	新竹縣	0.82(.10)	6	22	0.38(.05)	5	9
中部	苗栗縣	0.85(.06)	5	21	0.28(.03)	3	14
	臺中市	0.96(.17)	1	6	0.52(.04)	1	6
	南投縣	0.95(.06)	2	9	0.19(.05)	5	18
	彰化縣	0.94(.04)	3	11	0.31(.04)	2	12
	雲林縣	0.93(.07)	4	13	0.25(.05)	4	15
南部	嘉義市	0.99(.05)	1	4	0.38(.05)	3	10
	嘉義縣	0.93(.05)	3	15	0.16(.02)	5	19
	臺南市	0.87(.15)	4	19	0.42(.05)	2	8
	高雄市	0.86(.18)	5	20	0.44(.03)	1	7
	屏東縣	0.94(.06)	2	10	0.21(.04)	4	16
東部及外島	宜蘭縣	0.89(.07)	6	18	0.28(.04)	2	13
	花蓮縣	0.95(.05)	5	8	0.21(.03)	3	17
	臺東縣	0.95(.04)	4	7	0.14(.02)	4	20
東部及外島	澎湖縣	0.96(.07)	3	5	0.11(.02)	5	21
	金門縣	1.08(.12)	1	1	0.57(.05)	1	2
	連江縣	1.00(.03)	2	3	0.09(.03)	6	22

註：數值爲縣市財務指標之平均值，括弧數字爲標準差。

資料來源：審計部。

有財源之比率除了臺北市接近六成之外，其他城市幾乎有半數之收入是仰賴上級的補助或統籌分配稅收入，因此整體而言，金門縣及臺北市在預算支應能力方面較佳，而待改善的縣市則包括新竹縣、苗栗縣、高雄市、臺南市等，中南部縣市之財政依賴性相對比較高。

　　臺灣地方政府除財政依賴度高之外，債務比率偏高形成對地方財政穩健之嚴峻挑戰。以「淨資產比率」及「長期負債比率」兩項指標所衡量之長期償還能力，顯示國內償債能力較佳之縣市為嘉義市、金門縣、臺北市及澎湖縣（如表3-6）；相對地，部分縣市，如：苗栗縣、宜蘭縣、屏東縣等地方政府由於舉債過高，導致淨資產及長期負債比率過高，不利於地方財政之穩健，必須審慎規劃如何有效控制地方的長短期債務。

表3-6　臺灣地方政府「長期償還能力」面向財務指標之評量

單位：新臺幣萬元

區域	縣市	淨資產比率	地區排名	全國排名	長期負債比率	地區排名	全國排名
北部	臺北市	0.84(.36)[註]	1	3	0.02(.03)	1	4
	新北市	0.61(.14)	3	10	0.12(.06)	3	10
	桃園縣	0.54(.05)	4	12	0.15(.03)	4	12
	基隆市	0.45(.47)	5	14	0.25(.22)	6	18
	新竹市	0.77(.05)	2	5	0.09(.04)	2	8
	新竹縣	0.34(.17)	6	16	0.20(.08)	5	14
中部	苗栗縣	-0.10(.46)	5	22	0.33(.21)	5	22
	臺中市	0.70(.04)	2	9	0.09(.02)	1	7
	南投縣	0.38(.05)	3	15	0.20(.07)	3	15
	彰化縣	0.71(.18)	1	8	0.10(.06)	2	9
	雲林縣	0.17(.09)	4	21	0.23(.11)	4	17

區域	縣市	淨資產比率	地區排名	全國排名	長期負債比率	地區排名	全國排名
南部	嘉義市	0.89(.01)	1	1	0.02(.01)	1	3
	嘉義縣	0.22(.04)	5	20	0.22(.07)	4	16
	臺南市	0.59(.07)	3	11	0.17(.04)	3	13
	高雄市	0.76(.28)	2	7	0.07(.11)	2	6
	屏東縣	0.31(.06)	4	18	0.28(.06)	5	20
東部及外島	宜蘭縣	0.25(.12)	6	19	0.29(.11)	6	21
	花蓮縣	0.33(.13)	5	17	0.27(.11)	5	19
	臺東縣	0.49(.09)	4	13	0.15(.08)	4	11
	澎湖縣	0.80(.08)	2	4	0.03(.03)	3	5
	金門縣	0.86(.03)	1	2	0.00(0)	1	1
	連江縣	0.76(.07)	3	6	0.00(0)	1	1

註：數值為縣市財務指標之平均值，括弧數字為標準差。

資料來源：審計部。

　　最後，衡量地方政府是否具有永續服務能力指標之評量結果，「人均淨資產」最佳的前五個縣市依序為連江縣、高雄市、金門縣、嘉義市及澎湖縣，而最差的五個縣市依序則為苗栗縣、新竹縣、基隆市、桃園縣及新北市，此項指標明顯與縣市人口有密切關係，人口較多的縣市，在提供公共服務之能力比較具有挑戰性。至於「人均長期負債」之數字，排除沒有長期負債的兩個外島縣市（金門及連江），高雄市、澎湖縣及彰化縣有較佳的表現，而臺北市、宜蘭縣、新竹縣、嘉義縣及臺南市等縣市平均每人每年要負擔一年以上之長期負債在2萬元以上（詳見表3-7）。

表3-7　臺灣地方政府「永續服務能力」面向財務指標之評量

單位：新臺幣萬元

區域	縣市	人均淨資產	地區排名	全國排名	人均長期負債	地區排名	全國排名
北部	臺北市	0.84(.36)[註]	1	16	3.26(1.78)	6	22
	新北市	0.61(.14)	3	18	0.82(.39)	1	7
	桃園縣	0.54(.05)	4	19	1.00(.23)	2	8
	基隆市	0.45(.47)	5	20	1.70(.79)	4	15
	新竹市	0.77(.05)	2	17	1.69(.76)	3	14
	新竹縣	0.34(.17)	6	21	2.11(.88)	5	20
中部	苗栗縣	-0.45(2.36)	5	22	1.92(1.08)	5	17
	臺中市	8.21(2.02)	1	6	1.02(.39)	2	9
	南投縣	3.28(.54)	3	10	1.80(1.8)	4	16
	彰化縣	6.52(3.07)	2	8	0.75(.22)	1	5
	雲林縣	1.09(.68)	4	15	1.47(.71)	3	11
南部	嘉義市	29.73(.75)	2	4	0.77(.29)	2	6
	嘉義縣	1.99(.62)	4	11	1.93(.73)	5	19
	臺南市	6.98(2.04)	3	7	1.93(.49)	4	18
	高雄市	32.15(7.0)	1	2	0.72(.59)	1	3
	屏東縣	1.74(.39)	5	14	1.58(.50)	3	12
東部及外島	宜蘭縣	1.79(.83)	6	13	2.24(1.01)	6	21
	花蓮縣	1.91(.64)	5	12	1.66(.80)	5	13
	臺東縣	3.46(.59)	4	9	1.09(.65)	4	10
	澎湖縣	17.11(6.7)	3	5	0.73(.65)	3	4
	金門縣	31.07(1.7)	2	3	0.00(0)	1	1
	連江縣	69.83(18.48)	1	1	0.00(0)	1	1

註：數值為縣市財務指標之平均值，括弧數字為標準差。

資料來源：審計部。

　　除了由橫斷面比較國內各縣市之財務指標外，由縱斷面來分析臺灣地方政府財務指標（如表3-8）之變化趨勢（各縣市之趨勢變化圖請見附錄），發現彰化縣同時在現金償付能力、長期償還能力及永續服務能力三個面向的所有指標均出現弱化趨勢，其次，基隆市則在現金償付能力及長期償還能力兩項指標上都出現弱化趨勢。在四個財務狀況面向中，以長期償還能力呈現趨勢弱化的縣市最多，包括基隆市、新竹縣、苗栗縣、彰化縣、屏東縣、宜蘭縣、花蓮縣及臺東縣等八個縣市地方政府。同時，中部各縣市之地方財務狀況明顯以2008年為分界點，2008年以後各縣市之指標均明顯惡化，其中又以苗栗縣惡化幅度最大。

表3-8　臺灣地方政府財務指標趨勢（2001-2012年）

指標　城市	現金償付能力		預算支應能力		長期償還能力		永續服務能力	
	現金比率	速動比率	營運比率	自有財源比率	淨資產比率	長期負債比率	人均淨資產	人均長期負債
臺北市	↓	↑	↓	-	-	-	↑	↓
新北市	↓	↓	↑	↓	↑	↑	↑	-
桃園縣	-	↓	↑	↓	-	-	↑	-
基隆市	↓	↓	↑	↓	↓	↓	↓	↓
新竹市	↑	↓	↑	-	-	↓	↑	↓
新竹縣	↓	-	↑	↑	↓	↓	↓	↓
苗栗縣	-	↓	↓	-		↓	↓	↓
臺中市	↑	↑	-	↑	-	↓	↑	↓
南投縣	↑	↑	↑	↑		↓	↓	↓
彰化縣	↓	↓	-	↓	↓	↓	↓	↓
雲林縣	-	-	↑	↓	-	↓	-	↓
嘉義市	↓	-	↑	↑	-	-		↓
嘉義縣	↓	-	↑	↓		↓	↑	↓
臺南市	↓	↓	↑	↓		↓		↓

指標 城市	現金償付能力		預算支應能力		長期償還能力		永續服務能力	
	現金 比率	速動 比率	營運 比率	自有財源 比率	淨資產 比率	長期負債 比率	人均淨資 產	人均長期 負債
高雄市	↑	↓	↓	-	↑	-	↑	↓
屏東縣	↑	-	↑	↓	↓	↓	↑	↓
宜蘭縣	-	-	↑		↓	↓	-	↓
花蓮縣	-	-	#	↓	↓	↓	↓	↓
臺東縣	-	-	-			↓		↓
澎湖縣	↓	↓				↓		↓
金門縣	↑	↑	↑	↑	↑	-	-	-
連江縣	↓			↑			↑	

註：↑表示指標提升，↓表示指標惡化，-表示持平。

資料來源：本研究。

伍、外在系絡因素對財務狀況之影響

本節參採文獻選定之外在社經系絡變數，分別針對「預算支應能力」及「長期償還能力」之四項指標進行路徑分析。首先，就「預算支應能力」而言，發現除了「產業指標」對於營運比率沒有顯著因果關係存在之外（如圖3-4及表3-9），其他政經因素對於財務指標都有顯著之因果關係；表3-9顯示此面向路徑分析分解整理出各項外在社經因素之直接效果、間接效果及總效果。在選定的社經因素中，「商業指標」對於預算支應能力具有正向而顯著之影響地位，換言之，地方政府強化預算支應能力最有利之策略工具，是提升各營利事業之銷售額。此外，高雄市政府於102年開辦「幸福高雄移居津貼」，鼓勵策略性產業之勞動人口移入高雄，此類鼓勵人口移入之政策，是否真能有效提升地方預算支應能力？本研究發現人口因素對財務狀況之影響並非單一，人口增加固然會因此增加稅費而提高總收入，但也同樣會帶來更多公共服務的需求而增加總支出。

因此，在不考慮其他因素的情況下，人口因素對於預算償付能力的影響過程如下：

依表3-9分析得知，臺灣各地方政府之人口因素同時促使收支增加，惟人口增加造成收入增加比率顯然小於支出增加比率，對於預算支應能力反而造成負面影響，因此地方政府必須審慎考量鼓勵人口移動之機制安排或政策。此外，有效降低失業率可能有助於預算支應能力之提升。

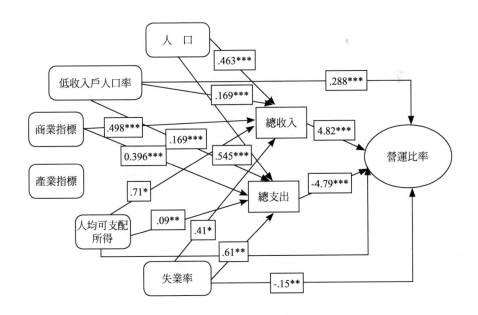

圖3-4　營運比率與外在社經系絡因素之路徑分析

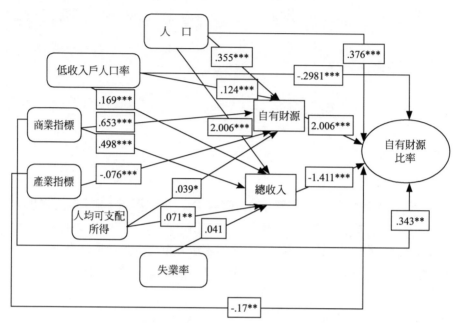

圖3-5　自有資源比率與外在社經系絡因素之路徑分析

表3-9　「預算支應能力」面向指標路徑分析各項效果之分解

社經因素		總收入	總支出	營運比率	自有財源	總收入	自有財源比率
人口	直接效果	.463	.545	-	.355	.463	.376
	間接效果	-	-	-.380	-	-	.059
	總效果	.463	.545	-.380	.355	.463	.435
低收入人口率	直接效果	.169	.169	.293	.124	.169	-.291
	間接效果	-	-	.005	-	-	.01
	總效果	.169	.169	.298	.124	.169	-.281
商業指標	直接效果	.498	.396	-	.653	.498	.343
	間接效果	-	-	.503	-	-	.607
	總效果	.498	.396	.503	.653	.498	.950

社經因素		總收入	總支出	營運比率	自有財源	總收入	自有財源比率
產業指標	直接效果	-	-	-	-.076	-	-.170
	間接效果	-	-	-	-	-	-.152
	總效果	-	-	-	-.076	-	-.322
人均可支配所得	直接效果	.071	.09	-	.039	.071	-
	間接效果	-	-	-.089	-	-	-.022
	總效果	.071	.09	-.089	.039	.071	-.022
失業率	直接效果	.041	.061	-.185	-	.041	
	間接效果	-	-	-.094	-	-	-.058
	總效果	.041	.061	-.279	-	.041	-.058

資料來源：本研究。

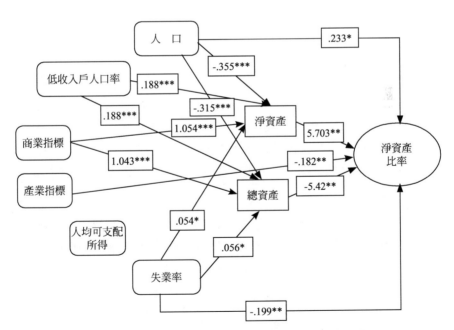

圖3-6　淨資產比率與外在社經系絡因素之路徑分析

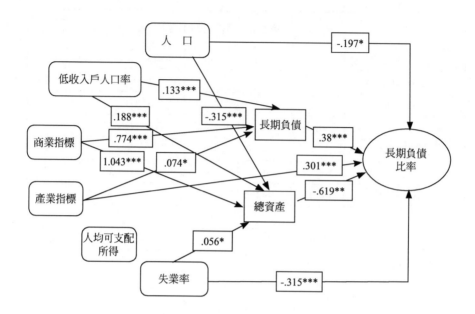

圖3-7 長期負債比率與外在社經系絡因素之路徑分析

其次，針對影響地方政府「長期償還能力」之外在社經因素分析，研究發現相對於其他因素，商業指標對於提升地方政府之長期償還能力亦具有正向且較顯著之影響力（表3-10），較出乎意外的是地方政府之產業指標與長期償還能力呈現反向之因果關係。同時，地方政府若致力於失業率的降低，同樣有助於長期債務之償還能力，至於人口因素則對於償債能力之影響力相對不大。

綜言之，由路徑分析之數據研判，臺灣地方政府之預算支應及長期償債能力受到商業發展及人口成長之影響。地方工商業發展，將帶動地方收入增加，提升預算支應能力並改善償債能力。因此，臺灣各地方政府可透過促進工商產業發展作爲尋求提升預算支應能力及償債能力之重要策略，至於使用鼓勵人口移入地方以作爲提升預算償付及償債能力之工具或策略，則必須再審愼考量。

表3-10 「長期償還能力」面向指標路徑分析各項效果之分解

社經因素		淨資產	總資產	淨資產比率	長期負債	總資產	長期負債比率
人口	直接效果	-.341	-.315	.233	-	-.315	-.197
	間接效果	-	-	-.237	-	-	.195
	總效果	-.341	-.315	-.004	-	-.315	-.002
低收入人口率	直接效果	.188	.188	-	.133	.188	-
	間接效果	-	-	.053	-	-	-.066
	總效果	.188	.188	.053	.133	.188	-.066
商業指標	直接效果	1.054	1.043	-	.774	1.043	-
	間接效果	-	-	.357	-	-	-.352
	總效果	1.054	1.043	.357	.774	1.043	-.352
產業指標	直接效果	-	-	-.182	.074	-	.301
	間接效果	-	-	-	-	-	.028
	總效果	-	-	-.182	.074	-	.329
人均可支配所得	直接效果	-	-	-	-	-	-
	間接效果	-	-	-	-	-	-
	總效果	-	-	-	-	-	-
失業率	直接效果	.054	.056	-.199	-	.056	.315
	間接效果	-	-	.004	-	-	-.035
	總效果	.054	.056	-.195	-	.056	.28

資料來源：本研究。

　　「財政為庶政之母」，庶為日常生活，政乃眾人之事，庶政是政府每天為民眾所做的事情，但是政府要有錢才能替民眾處理日常生活大小事。臺灣地方政府因全球化風潮與世界接軌而快速發展，加上行政分權化之落實，致使地方財政捉襟見肘情況益發嚴重。在地方資源困窘時，節衣縮食雖是解決財政之可能途徑之一，代價卻可能是施政滿意度低落及地方首長之仕途。因此地方當局在面對財政困難情境下，與其仰賴透過改變分配制

度爭取資源，致力於強化內部財政管理，重視財務管理及績效，才是真正務實的作法。針對地方財務問題進行診斷、改善財務狀況，將資源充分發揮利用，將是另一項更值得地方政府首長落實及強化之財政策略及方向。

　　總而言之，從靜態之財務指標衡量診斷臺灣地方政府之財政困境，雖然債務問題的解決並非一蹴可及，但透過路徑分析之因果關係研判，臺灣地方之財務狀況顯著受到工商業發展之影響。各地方政府致力於工商業發展，將帶動城市收入增加，改善地方財務狀況及償債能力。因此，臺灣各地方首長可致力於地方工商業發展之政策規劃及方向，不僅有助於改善財務狀況，亦可解決地方財政之困境。

附錄3-1、臺灣地方政府財務狀況指標評量趨勢

一、北部縣市

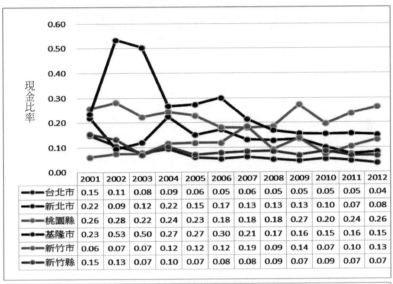

	2001	2002	2003	2004	2005	2006	2007	2008	2009	2010	2011	2012
台北市	0.15	0.11	0.08	0.09	0.06	0.05	0.06	0.05	0.05	0.05	0.05	0.04
新北市	0.22	0.09	0.12	0.22	0.15	0.17	0.13	0.13	0.13	0.10	0.07	0.08
桃園縣	0.26	0.28	0.22	0.24	0.23	0.18	0.18	0.18	0.27	0.20	0.24	0.26
基隆市	0.23	0.53	0.50	0.27	0.27	0.30	0.21	0.17	0.16	0.15	0.16	0.15
新竹市	0.06	0.07	0.07	0.12	0.12	0.12	0.19	0.09	0.14	0.07	0.10	0.13
新竹縣	0.15	0.13	0.07	0.10	0.07	0.08	0.08	0.09	0.07	0.09	0.07	0.07

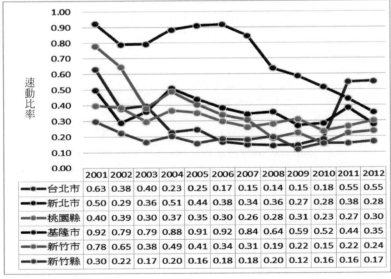

	2001	2002	2003	2004	2005	2006	2007	2008	2009	2010	2011	2012
台北市	0.63	0.38	0.40	0.23	0.25	0.17	0.15	0.14	0.15	0.18	0.55	0.55
新北市	0.50	0.29	0.36	0.51	0.44	0.38	0.34	0.36	0.27	0.28	0.38	0.28
桃園縣	0.40	0.39	0.30	0.37	0.35	0.30	0.26	0.28	0.31	0.23	0.27	0.30
基隆市	0.92	0.79	0.79	0.88	0.91	0.92	0.84	0.64	0.59	0.52	0.44	0.35
新竹市	0.78	0.65	0.38	0.49	0.41	0.34	0.31	0.19	0.22	0.15	0.22	0.24
新竹縣	0.30	0.22	0.17	0.20	0.16	0.18	0.18	0.20	0.12	0.16	0.16	0.17

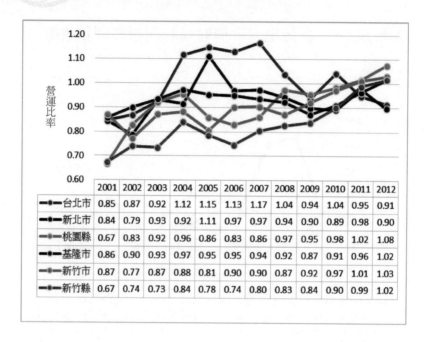

	2001	2002	2003	2004	2005	2006	2007	2008	2009	2010	2011	2012
台北市	0.85	0.87	0.92	1.12	1.15	1.13	1.17	1.04	0.94	1.04	0.95	0.91
新北市	0.84	0.79	0.93	0.92	1.11	0.97	0.97	0.94	0.90	0.89	0.98	0.90
桃園縣	0.67	0.83	0.92	0.96	0.86	0.83	0.86	0.97	0.95	0.98	1.02	1.08
基隆市	0.86	0.90	0.93	0.97	0.95	0.95	0.94	0.92	0.87	0.91	0.96	1.02
新竹市	0.87	0.77	0.87	0.88	0.81	0.90	0.90	0.87	0.92	0.97	1.01	1.03
新竹縣	0.67	0.74	0.73	0.84	0.78	0.74	0.80	0.83	0.84	0.90	0.99	1.02

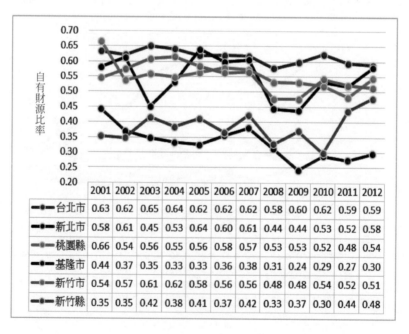

	2001	2002	2003	2004	2005	2006	2007	2008	2009	2010	2011	2012
台北市	0.63	0.62	0.65	0.64	0.62	0.62	0.62	0.58	0.60	0.62	0.59	0.59
新北市	0.58	0.61	0.45	0.53	0.64	0.60	0.61	0.44	0.44	0.53	0.52	0.58
桃園縣	0.66	0.54	0.56	0.55	0.56	0.58	0.57	0.53	0.53	0.52	0.48	0.54
基隆市	0.44	0.37	0.35	0.33	0.33	0.36	0.38	0.31	0.24	0.29	0.27	0.30
新竹市	0.54	0.57	0.61	0.62	0.58	0.56	0.56	0.48	0.48	0.54	0.52	0.51
新竹縣	0.35	0.35	0.42	0.38	0.41	0.37	0.42	0.33	0.37	0.30	0.44	0.48

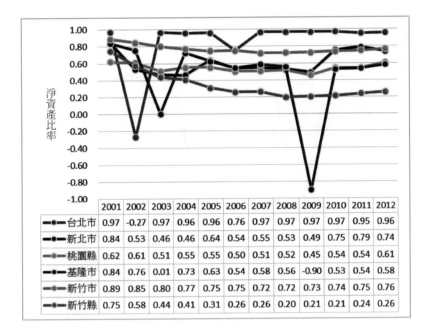

	2001	2002	2003	2004	2005	2006	2007	2008	2009	2010	2011	2012
台北市	0.97	-0.27	0.97	0.96	0.96	0.76	0.97	0.97	0.97	0.97	0.95	0.96
新北市	0.84	0.53	0.46	0.46	0.64	0.54	0.55	0.53	0.49	0.75	0.79	0.74
桃園縣	0.62	0.61	0.51	0.55	0.55	0.50	0.51	0.52	0.45	0.54	0.54	0.61
基隆市	0.84	0.76	0.01	0.73	0.63	0.54	0.58	0.56	-0.90	0.53	0.54	0.58
新竹市	0.89	0.85	0.80	0.77	0.75	0.75	0.72	0.72	0.73	0.74	0.75	0.76
新竹縣	0.75	0.58	0.44	0.41	0.31	0.26	0.26	0.20	0.21	0.21	0.24	0.26

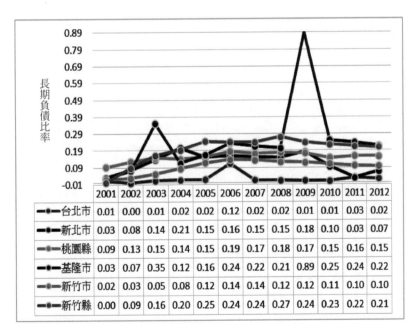

	2001	2002	2003	2004	2005	2006	2007	2008	2009	2010	2011	2012
台北市	0.01	0.00	0.01	0.02	0.02	0.12	0.02	0.02	0.01	0.01	0.03	0.02
新北市	0.03	0.08	0.14	0.21	0.15	0.16	0.15	0.15	0.18	0.10	0.03	0.07
桃園縣	0.09	0.13	0.15	0.14	0.15	0.19	0.17	0.18	0.17	0.15	0.16	0.15
基隆市	0.03	0.07	0.35	0.12	0.16	0.24	0.22	0.21	0.89	0.25	0.24	0.22
新竹市	0.02	0.03	0.05	0.08	0.12	0.14	0.14	0.12	0.12	0.11	0.10	0.10
新竹縣	0.00	0.09	0.16	0.20	0.25	0.24	0.24	0.27	0.24	0.23	0.22	0.21

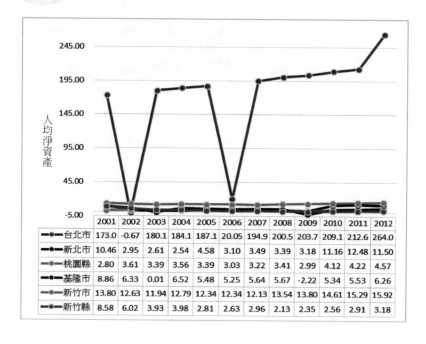

	2001	2002	2003	2004	2005	2006	2007	2008	2009	2010	2011	2012
台北市	173.0	-0.67	180.1	184.1	187.1	20.05	194.9	200.5	203.7	209.1	212.6	264.0
新北市	10.46	2.95	2.61	2.54	4.58	3.10	3.49	3.39	3.18	11.16	12.48	11.50
桃園縣	2.80	3.61	3.39	3.56	3.39	3.03	3.22	3.41	2.99	4.12	4.22	4.57
基隆市	8.86	6.33	0.01	6.52	5.48	5.25	5.64	5.67	-2.22	5.34	5.53	6.26
新竹市	13.80	12.63	11.94	12.79	12.34	12.34	12.13	13.54	13.80	14.61	15.29	15.92
新竹縣	8.58	6.02	3.93	3.98	2.81	2.63	2.96	2.13	2.35	2.56	2.91	3.18

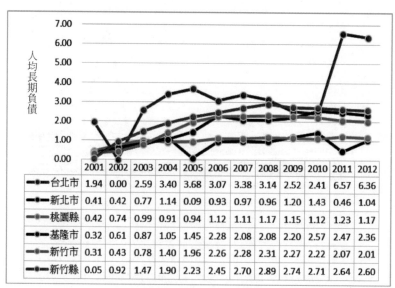

	2001	2002	2003	2004	2005	2006	2007	2008	2009	2010	2011	2012
台北市	1.94	0.00	2.59	3.40	3.68	3.07	3.38	3.14	2.52	2.41	6.57	6.36
新北市	0.41	0.42	0.77	1.14	0.09	0.93	0.97	0.96	1.20	1.43	0.46	1.04
桃園縣	0.42	0.74	0.99	0.91	0.94	1.12	1.11	1.17	1.15	1.12	1.23	1.17
基隆市	0.32	0.61	0.87	1.05	1.45	2.28	2.08	2.08	2.20	2.57	2.47	2.36
新竹市	0.31	0.43	0.78	1.40	1.96	2.26	2.28	2.31	2.27	2.22	2.07	2.01
新竹縣	0.05	0.92	1.47	1.90	2.23	2.45	2.70	2.89	2.74	2.71	2.64	2.60

二、中部縣市

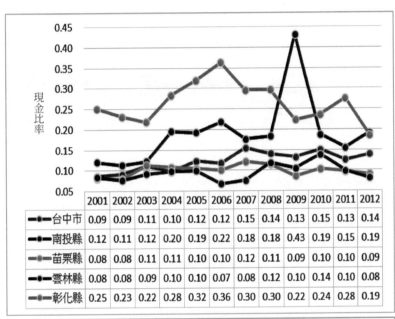

	2001	2002	2003	2004	2005	2006	2007	2008	2009	2010	2011	2012
台中市	0.09	0.09	0.11	0.10	0.12	0.12	0.15	0.14	0.13	0.15	0.13	0.14
南投縣	0.12	0.11	0.12	0.20	0.19	0.22	0.18	0.18	0.43	0.19	0.15	0.19
苗栗縣	0.08	0.08	0.11	0.11	0.10	0.10	0.12	0.11	0.09	0.10	0.10	0.09
雲林縣	0.08	0.08	0.09	0.10	0.10	0.07	0.08	0.12	0.10	0.14	0.10	0.08
彰化縣	0.25	0.23	0.22	0.28	0.32	0.36	0.30	0.30	0.22	0.24	0.28	0.19

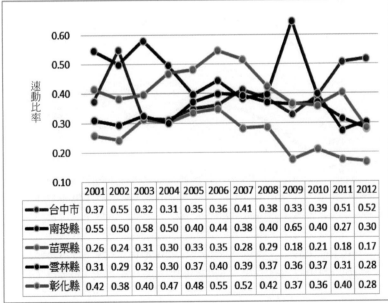

	2001	2002	2003	2004	2005	2006	2007	2008	2009	2010	2011	2012
台中市	0.37	0.55	0.32	0.31	0.35	0.36	0.41	0.38	0.33	0.39	0.51	0.52
南投縣	0.55	0.50	0.58	0.50	0.40	0.44	0.38	0.40	0.65	0.40	0.27	0.30
苗栗縣	0.26	0.24	0.31	0.30	0.33	0.35	0.28	0.29	0.18	0.21	0.18	0.17
雲林縣	0.31	0.29	0.32	0.30	0.37	0.40	0.39	0.37	0.36	0.37	0.31	0.28
彰化縣	0.42	0.38	0.40	0.47	0.48	0.55	0.52	0.42	0.37	0.36	0.40	0.28

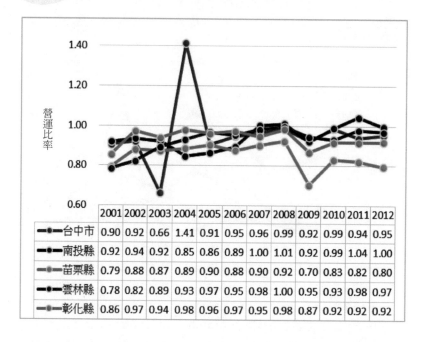

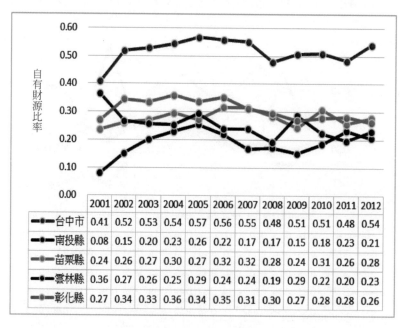

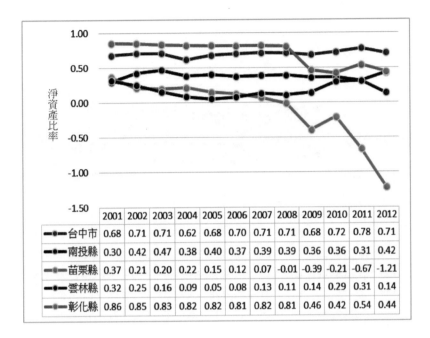

	2001	2002	2003	2004	2005	2006	2007	2008	2009	2010	2011	2012
台中市	0.68	0.71	0.71	0.62	0.68	0.70	0.71	0.71	0.68	0.72	0.78	0.71
南投縣	0.30	0.42	0.47	0.38	0.40	0.37	0.39	0.39	0.36	0.36	0.31	0.42
苗栗縣	0.37	0.21	0.20	0.22	0.15	0.12	0.07	-0.01	-0.39	-0.21	-0.67	-1.21
雲林縣	0.32	0.25	0.16	0.09	0.05	0.08	0.13	0.11	0.14	0.29	0.31	0.14
彰化縣	0.86	0.85	0.83	0.82	0.82	0.81	0.82	0.81	0.46	0.42	0.54	0.44

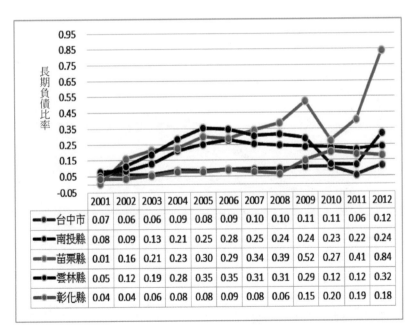

	2001	2002	2003	2004	2005	2006	2007	2008	2009	2010	2011	2012
台中市	0.07	0.06	0.06	0.09	0.08	0.09	0.10	0.10	0.11	0.11	0.06	0.12
南投縣	0.08	0.09	0.13	0.21	0.25	0.28	0.25	0.24	0.24	0.23	0.22	0.24
苗栗縣	0.01	0.16	0.21	0.23	0.30	0.29	0.34	0.39	0.52	0.27	0.41	0.84
雲林縣	0.05	0.12	0.19	0.28	0.35	0.35	0.31	0.31	0.29	0.12	0.12	0.32
彰化縣	0.04	0.04	0.06	0.08	0.08	0.09	0.08	0.06	0.15	0.20	0.19	0.18

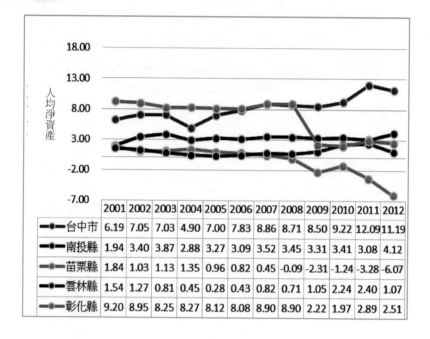

	2001	2002	2003	2004	2005	2006	2007	2008	2009	2010	2011	2012
台中市	6.19	7.05	7.03	4.90	7.00	7.83	8.86	8.71	8.50	9.22	12.09	11.19
南投縣	1.94	3.40	3.87	2.88	3.27	3.09	3.52	3.45	3.31	3.41	3.08	4.12
苗栗縣	1.84	1.03	1.13	1.35	0.96	0.82	0.45	-0.09	-2.31	-1.24	-3.28	-6.07
雲林縣	1.54	1.27	0.81	0.45	0.28	0.43	0.82	0.71	1.05	2.24	2.40	1.07
彰化縣	9.20	8.95	8.25	8.27	8.12	8.08	8.90	8.90	2.22	1.97	2.89	2.51

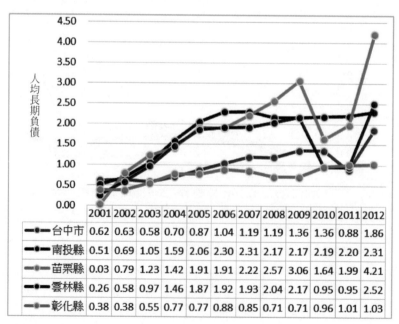

	2001	2002	2003	2004	2005	2006	2007	2008	2009	2010	2011	2012
台中市	0.62	0.63	0.58	0.70	0.87	1.04	1.19	1.19	1.36	1.36	0.88	1.86
南投縣	0.51	0.69	1.05	1.59	2.06	2.30	2.31	2.17	2.17	2.19	2.20	2.31
苗栗縣	0.03	0.79	1.23	1.42	1.91	1.91	2.22	2.57	3.06	1.64	1.99	4.21
雲林縣	0.26	0.58	0.97	1.46	1.87	1.92	1.93	2.04	2.17	0.95	0.95	2.52
彰化縣	0.38	0.38	0.55	0.77	0.77	0.88	0.85	0.71	0.71	0.96	1.01	1.03

三、南部縣市

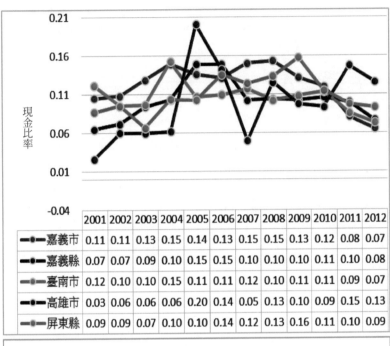

	2001	2002	2003	2004	2005	2006	2007	2008	2009	2010	2011	2012
●嘉義市	0.11	0.11	0.13	0.15	0.14	0.13	0.15	0.15	0.13	0.12	0.08	0.07
●嘉義縣	0.07	0.07	0.09	0.10	0.15	0.15	0.10	0.10	0.10	0.11	0.10	0.08
●臺南市	0.12	0.10	0.10	0.15	0.11	0.11	0.12	0.10	0.11	0.11	0.09	0.07
●高雄市	0.03	0.06	0.06	0.06	0.20	0.14	0.05	0.13	0.10	0.09	0.15	0.13
●屏東縣	0.09	0.09	0.07	0.10	0.10	0.14	0.12	0.13	0.16	0.11	0.10	0.09

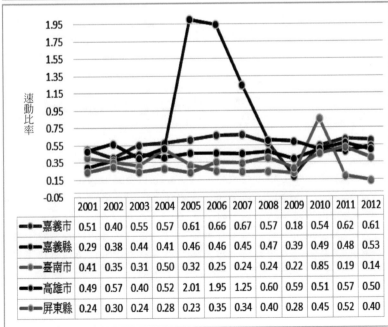

	2001	2002	2003	2004	2005	2006	2007	2008	2009	2010	2011	2012
●嘉義市	0.51	0.40	0.55	0.57	0.61	0.66	0.67	0.57	0.18	0.54	0.62	0.61
●嘉義縣	0.29	0.38	0.44	0.41	0.46	0.46	0.45	0.47	0.39	0.49	0.48	0.53
●臺南市	0.41	0.35	0.31	0.50	0.32	0.25	0.24	0.24	0.22	0.85	0.19	0.14
●高雄市	0.49	0.57	0.40	0.52	2.01	1.95	1.25	0.60	0.59	0.51	0.57	0.50
●屏東縣	0.24	0.30	0.24	0.28	0.23	0.35	0.34	0.40	0.28	0.45	0.52	0.40

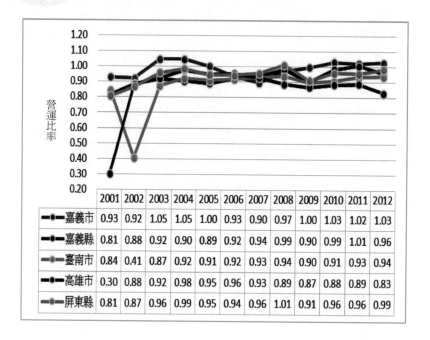

	2001	2002	2003	2004	2005	2006	2007	2008	2009	2010	2011	2012
嘉義市	0.93	0.92	1.05	1.05	1.00	0.93	0.90	0.97	1.00	1.03	1.02	1.03
嘉義縣	0.81	0.88	0.92	0.90	0.89	0.92	0.94	0.99	0.90	0.99	1.01	0.96
臺南市	0.84	0.41	0.87	0.92	0.91	0.92	0.93	0.94	0.90	0.91	0.93	0.94
高雄市	0.30	0.88	0.92	0.98	0.95	0.96	0.93	0.89	0.87	0.88	0.89	0.83
屏東縣	0.81	0.87	0.96	0.99	0.95	0.94	0.96	1.01	0.91	0.96	0.96	0.99

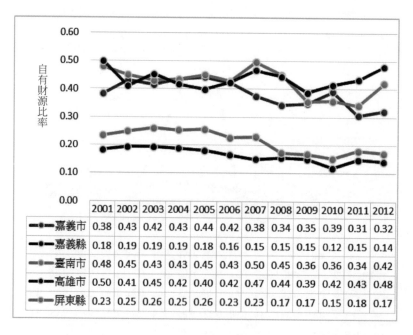

	2001	2002	2003	2004	2005	2006	2007	2008	2009	2010	2011	2012
嘉義市	0.38	0.43	0.42	0.43	0.44	0.42	0.38	0.34	0.35	0.39	0.31	0.32
嘉義縣	0.18	0.19	0.19	0.19	0.18	0.16	0.15	0.15	0.15	0.12	0.15	0.14
臺南市	0.48	0.45	0.43	0.43	0.45	0.43	0.50	0.45	0.36	0.36	0.34	0.42
高雄市	0.50	0.41	0.45	0.42	0.40	0.42	0.47	0.44	0.39	0.42	0.43	0.48
屏東縣	0.23	0.25	0.26	0.25	0.26	0.23	0.23	0.17	0.17	0.15	0.18	0.17

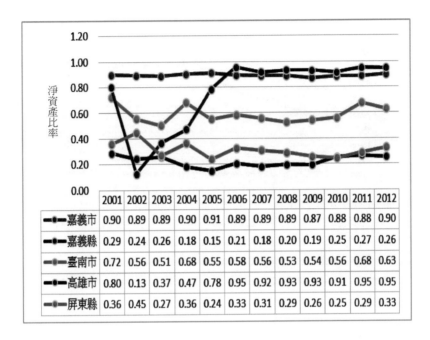

	2001	2002	2003	2004	2005	2006	2007	2008	2009	2010	2011	2012
嘉義市	0.90	0.89	0.89	0.90	0.91	0.89	0.89	0.89	0.87	0.88	0.88	0.90
嘉義縣	0.29	0.24	0.26	0.18	0.15	0.21	0.18	0.20	0.19	0.25	0.27	0.26
臺南市	0.72	0.56	0.51	0.68	0.55	0.58	0.56	0.53	0.54	0.56	0.68	0.63
高雄市	0.80	0.13	0.37	0.47	0.78	0.95	0.92	0.93	0.93	0.91	0.95	0.95
屏東縣	0.36	0.45	0.27	0.36	0.24	0.33	0.31	0.29	0.26	0.25	0.29	0.33

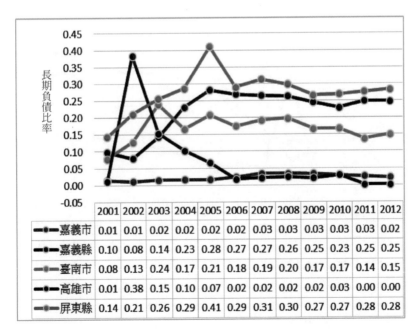

	2001	2002	2003	2004	2005	2006	2007	2008	2009	2010	2011	2012
嘉義市	0.01	0.01	0.02	0.02	0.02	0.02	0.03	0.03	0.03	0.03	0.03	0.02
嘉義縣	0.10	0.08	0.14	0.23	0.28	0.27	0.27	0.26	0.25	0.23	0.25	0.25
臺南市	0.08	0.13	0.24	0.17	0.21	0.18	0.19	0.20	0.17	0.17	0.14	0.15
高雄市	0.01	0.38	0.15	0.10	0.07	0.02	0.02	0.02	0.02	0.03	0.00	0.00
屏東縣	0.14	0.21	0.26	0.29	0.41	0.29	0.31	0.30	0.27	0.27	0.28	0.28

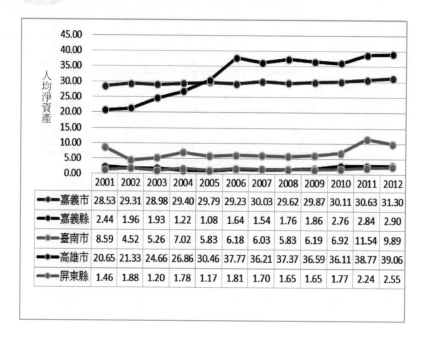

	2001	2002	2003	2004	2005	2006	2007	2008	2009	2010	2011	2012
嘉義市	28.53	29.31	28.98	29.40	29.79	29.23	30.03	29.62	29.87	30.11	30.63	31.30
嘉義縣	2.44	1.96	1.93	1.22	1.08	1.64	1.54	1.76	1.86	2.76	2.84	2.90
臺南市	8.59	4.52	5.26	7.02	5.83	6.18	6.03	5.83	6.19	6.92	11.54	9.89
高雄市	20.65	21.33	24.66	26.86	30.46	37.77	36.21	37.37	36.59	36.11	38.77	39.06
屏東縣	1.46	1.88	1.20	1.78	1.17	1.81	1.70	1.65	1.65	1.77	2.24	2.55

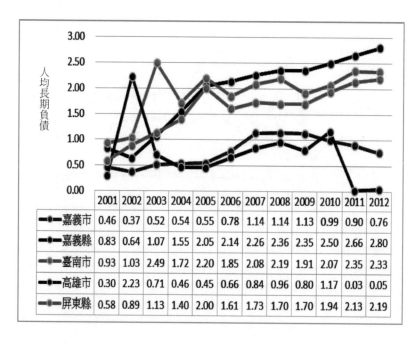

	2001	2002	2003	2004	2005	2006	2007	2008	2009	2010	2011	2012
嘉義市	0.46	0.37	0.52	0.54	0.55	0.78	1.14	1.14	1.13	0.99	0.90	0.76
嘉義縣	0.83	0.64	1.07	1.55	2.05	2.14	2.26	2.36	2.35	2.50	2.66	2.80
臺南市	0.93	1.03	2.49	1.72	2.20	1.85	2.08	2.19	1.91	2.07	2.35	2.33
高雄市	0.30	2.23	0.71	0.46	0.45	0.66	0.84	0.96	0.80	1.17	0.03	0.05
屏東縣	0.58	0.89	1.13	1.40	2.00	1.61	1.73	1.70	1.70	1.94	2.13	2.19

四、東部及外島縣市

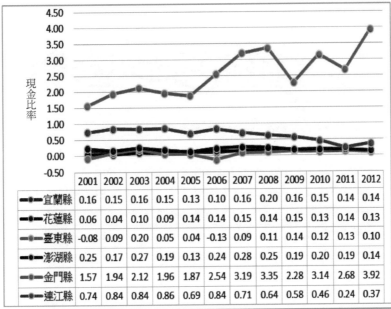

	2001	2002	2003	2004	2005	2006	2007	2008	2009	2010	2011	2012
宜蘭縣	0.16	0.15	0.16	0.15	0.13	0.10	0.16	0.20	0.16	0.15	0.14	0.14
花蓮縣	0.06	0.04	0.10	0.09	0.14	0.14	0.15	0.14	0.15	0.13	0.14	0.13
臺東縣	-0.08	0.09	0.20	0.05	0.04	-0.13	0.09	0.11	0.14	0.12	0.13	0.10
澎湖縣	0.25	0.17	0.27	0.19	0.13	0.24	0.28	0.25	0.19	0.20	0.19	0.14
金門縣	1.57	1.94	2.12	1.96	1.87	2.54	3.19	3.35	2.28	3.14	2.68	3.92
連江縣	0.74	0.84	0.84	0.86	0.69	0.84	0.71	0.64	0.58	0.46	0.24	0.37

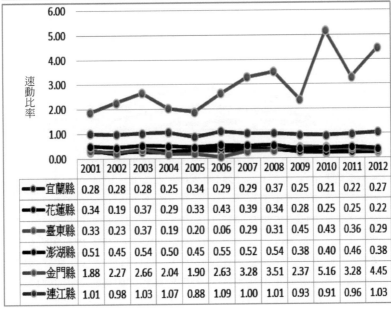

	2001	2002	2003	2004	2005	2006	2007	2008	2009	2010	2011	2012
宜蘭縣	0.28	0.28	0.28	0.25	0.34	0.29	0.29	0.37	0.25	0.21	0.22	0.27
花蓮縣	0.34	0.19	0.37	0.29	0.33	0.43	0.39	0.34	0.28	0.25	0.25	0.22
臺東縣	0.33	0.23	0.37	0.19	0.20	0.06	0.29	0.31	0.45	0.43	0.36	0.29
澎湖縣	0.51	0.45	0.54	0.50	0.45	0.55	0.52	0.54	0.38	0.40	0.46	0.38
金門縣	1.88	2.27	2.66	2.04	1.90	2.63	3.28	3.51	2.37	5.16	3.28	4.45
連江縣	1.01	0.98	1.03	1.07	0.88	1.09	1.00	1.01	0.93	0.91	0.96	1.03

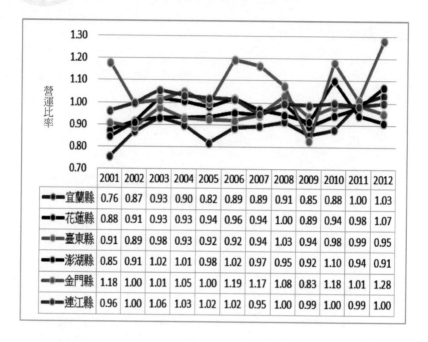

	2001	2002	2003	2004	2005	2006	2007	2008	2009	2010	2011	2012
宜蘭縣	0.76	0.87	0.93	0.90	0.82	0.89	0.89	0.91	0.85	0.88	1.00	1.03
花蓮縣	0.88	0.91	0.93	0.93	0.94	0.96	0.94	1.00	0.89	0.94	0.98	1.07
臺東縣	0.91	0.89	0.98	0.93	0.92	0.92	0.94	1.03	0.94	0.98	0.99	0.95
澎湖縣	0.85	0.91	1.02	1.01	0.98	1.02	0.97	0.95	0.92	1.10	0.94	0.91
金門縣	1.18	1.00	1.01	1.05	1.00	1.19	1.17	1.08	0.83	1.18	1.01	1.28
連江縣	0.96	1.00	1.06	1.03	1.02	1.02	0.95	1.00	0.99	1.00	0.99	1.00

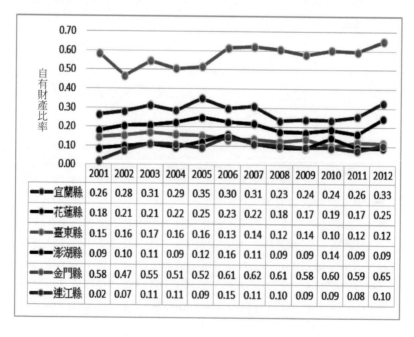

	2001	2002	2003	2004	2005	2006	2007	2008	2009	2010	2011	2012
宜蘭縣	0.26	0.28	0.31	0.29	0.35	0.30	0.31	0.23	0.24	0.24	0.26	0.33
花蓮縣	0.18	0.21	0.21	0.22	0.25	0.23	0.22	0.18	0.17	0.19	0.17	0.25
臺東縣	0.15	0.16	0.17	0.16	0.16	0.13	0.14	0.12	0.14	0.10	0.12	0.12
澎湖縣	0.09	0.10	0.11	0.09	0.12	0.16	0.11	0.09	0.09	0.14	0.09	0.09
金門縣	0.58	0.47	0.55	0.51	0.52	0.61	0.62	0.61	0.58	0.60	0.59	0.65
連江縣	0.02	0.07	0.11	0.11	0.09	0.15	0.11	0.10	0.09	0.09	0.08	0.10

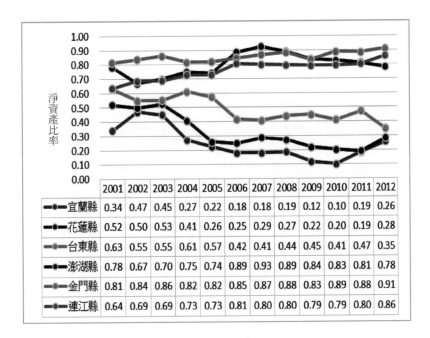

	2001	2002	2003	2004	2005	2006	2007	2008	2009	2010	2011	2012
宜蘭縣	0.34	0.47	0.45	0.27	0.22	0.18	0.18	0.19	0.12	0.10	0.19	0.26
花蓮縣	0.52	0.50	0.53	0.41	0.26	0.25	0.29	0.27	0.22	0.20	0.19	0.28
台東縣	0.63	0.55	0.55	0.61	0.57	0.42	0.41	0.44	0.45	0.41	0.47	0.35
澎湖縣	0.78	0.67	0.70	0.75	0.74	0.89	0.93	0.89	0.84	0.83	0.81	0.78
金門縣	0.81	0.84	0.86	0.82	0.82	0.85	0.87	0.88	0.83	0.89	0.88	0.91
連江縣	0.64	0.69	0.69	0.73	0.73	0.81	0.80	0.80	0.79	0.79	0.80	0.86

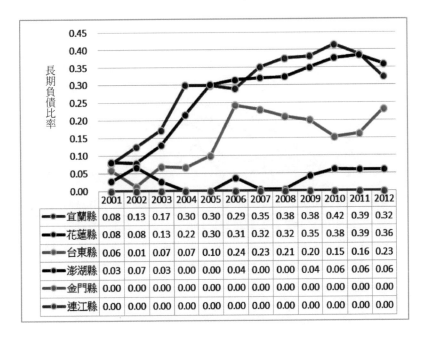

	2001	2002	2003	2004	2005	2006	2007	2008	2009	2010	2011	2012
宜蘭縣	0.08	0.13	0.17	0.30	0.30	0.29	0.35	0.38	0.38	0.42	0.39	0.32
花蓮縣	0.08	0.08	0.13	0.22	0.30	0.31	0.32	0.32	0.35	0.38	0.39	0.36
台東縣	0.06	0.01	0.07	0.07	0.10	0.24	0.23	0.21	0.20	0.15	0.16	0.23
澎湖縣	0.03	0.07	0.03	0.00	0.00	0.04	0.00	0.00	0.04	0.06	0.06	0.06
金門縣	0.00	0.00	0.00	0.00	0.00	0.00	0.00	0.00	0.00	0.00	0.00	0.00
連江縣	0.00	0.00	0.00	0.00	0.00	0.00	0.00	0.00	0.00	0.00	0.00	0.00

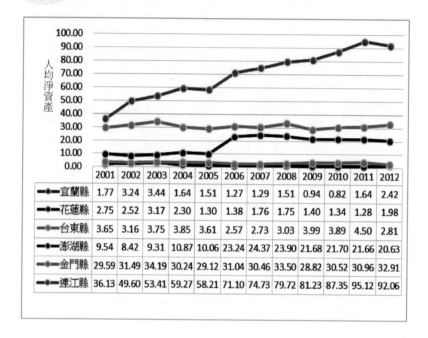

人均淨資產	2001	2002	2003	2004	2005	2006	2007	2008	2009	2010	2011	2012
宜蘭縣	1.77	3.24	3.44	1.64	1.51	1.27	1.29	1.51	0.94	0.82	1.64	2.42
花蓮縣	2.75	2.52	3.17	2.30	1.30	1.38	1.76	1.75	1.40	1.34	1.28	1.98
台東縣	3.65	3.16	3.75	3.85	3.61	2.57	2.73	3.03	3.99	3.89	4.50	2.81
澎湖縣	9.54	8.42	9.31	10.87	10.06	23.24	24.37	23.90	21.68	21.70	21.66	20.63
金門縣	29.59	31.49	34.19	30.24	29.12	31.04	30.46	33.50	28.82	30.52	30.96	32.91
連江縣	36.13	49.60	53.41	59.27	58.21	71.10	74.73	79.72	81.23	87.35	95.12	92.06

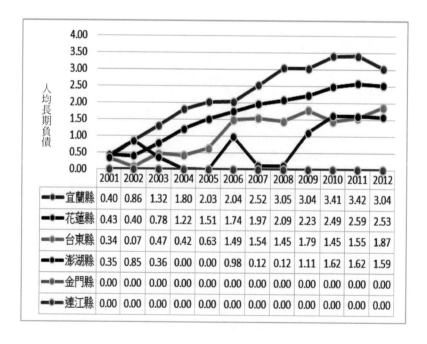

人均長期負債	2001	2002	2003	2004	2005	2006	2007	2008	2009	2010	2011	2012
宜蘭縣	0.40	0.86	1.32	1.80	2.03	2.04	2.52	3.05	3.04	3.41	3.42	3.04
花蓮縣	0.43	0.40	0.78	1.22	1.51	1.74	1.97	2.09	2.23	2.49	2.59	2.53
台東縣	0.34	0.07	0.47	0.42	0.63	1.49	1.54	1.45	1.79	1.45	1.55	1.87
澎湖縣	0.35	0.85	0.36	0.00	0.00	0.98	0.12	0.12	1.11	1.62	1.62	1.59
金門縣	0.00	0.00	0.00	0.00	0.00	0.00	0.00	0.00	0.00	0.00	0.00	0.00
連江縣	0.00	0.00	0.00	0.00	0.00	0.00	0.00	0.00	0.00	0.00	0.00	0.00

壹、臺灣地方政府之財政困境

　　二十世紀初期資本主義發展造成社會貧富差距擴大的問題，政府基於社會安全及所得重分配的理由，有關社會救濟、失業保險及醫療保險等福利支出快速成長，出現「從搖籃到墳墓」的福利國家，大幅提高政府的角色及支出，歐洲國家在二十世紀初期，其政府支出占GNP比例未達10%，但到了1980年代已達50%左右（李允傑、孫克難、李顯峰、林博文，2007：13），成長速度及幅度十分顯著。

　　此外，全球化風潮促使都會區域的連結發展，成為世界經濟與各國發展的關鍵，臺灣自從1998年精省之後，地方政府在垂直治理的功能角色變得更為明顯（周志龍，2014：74）。早期地方自治被稱為「監護型」，因地方政府缺人、缺權又缺錢，1999年通過「地方制度法」後，大幅提高地方政府的自治權限，同年隨之修正通過「財政收支劃分法」，提高地方政府自主財源。2001年行政院修正中央對地方政府補助制度，明確區分一般型與計畫型之補助計畫，並提高一般型補助之比例；2002年更通過法案，賦予地方政府開徵新稅，提高地方稅率或於現有國稅中附加課徵之權利。然而，這一連串地方財政分權化的改革及制度建立，顯然未能有效增加地方財源、減少地方對中央政府之財政依賴，現行財政結構仍傾向中央集權（方凱弘，2006：53）。過去近十年來，臺灣地方政府的財政收支一直處於失衡情況，幾乎見不到改善的跡象（如表4-1及圖4-1）。

　　探究地方財政結構，就收入面而言，地方政府的稅源分布不均，自籌財源比率偏低，近十年的平均值約在六成以下，臺南市的平均自籌財源比率僅為39.68%；且非租稅收入成長停滯，因而出現過度依賴中央統籌分配稅款及補助款的問題。對補助款之依存度除了臺北市之外，其他直轄市都超過兩成，其中臺南市民的歲出之中平均有38.88%來自於補助款，是依存度最高的城市（詳如表4-2）。就支出面而言，多年來人事費用占歲出及自有財源比例偏高（圖4-2），近年來社福支出也有大幅成長的趨勢，使地方政府負擔沈重，造成歲出結構僵化，導致地方債務負擔沉重。

表4-1　各級政府歲入、歲出淨額及餘絀

單位：新臺幣億元

年度	中央政府			地方政府		
	歲入淨額	歲出淨額	餘絀	歲入淨額	歲出淨額	餘絀
2005	16,164	14,542	1,622	6,017	8,378	-2,361
2006	15,909	13,930	1,979	5,861	8,212	-2,351
2007	16,361	14,425	1,936	6,087	8,477	-2,390
2008	16,488	14,368	2,120	5,828	9,068	-3,240
2009	15,666	16,911	-1,245	5,470	9,798	-4,328
2010	15,005	15,799	-794	6,150	9,869	-3,719
2011	16,729	15,575	1,154	6,333	10,555	-4,222
2012	16,617	16,228	389	6,595	10,551	-3,956
2013	17,451	16,246	1,205	7,125	10,406	-3,281
2014	17,069	16,048	1,021	7,606	11,766	-4,160

註：2005至2013年為決算數，2014年係預算數。

資料來源：中華民國統計資訊網，總體統計資料庫。

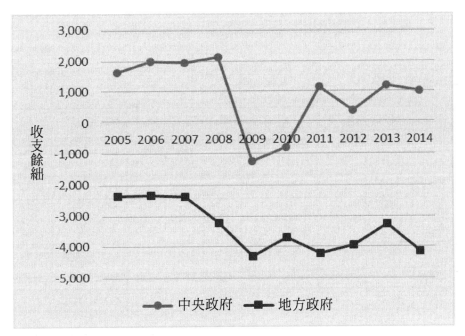

資料來源：中華民國統計資訊網，總體統計資料庫。

圖4-1　臺灣各級政府收支餘絀趨勢

　　綜言之，上述收支差短擴大的結果，造成地方債務負擔沉重，收入面囿於政治生態未能有效積極擴展自籌財源，基金自償率偏低，自償性財源亦不足；支出面的問題則來自於支出結構僵化，財政紀律不足。即使如此，在財政困難的情況之下，地方政府仍必須開展各項公共服務及建設，採取合適的財務管理策略，籌措足夠的財務資源來提供民眾所需要之公共服務。

表4-2　臺灣直轄市自有財源比率及補助與協助收入依存度

單位：%

年度	新北市		臺北市		臺中市		臺南市		高雄市	
	A (註1)	B (註2)	A	B	A	B	A	B	A	B
2005	63.91	25.76	62.19	3.93	53.44	29.53	45.48	34.33	39.79	37.19
2006	59.81	24.71	62.02	3.26	55.82	28.91	42.84	37.67	42.4	30.95
2007	60.57	23.38	61.79	3.2	55.13	29.54	42.11	38.42	46.68	20.39
2008	44.37	20.36	57.76	17.15	47.9	37.38	33.61	46.09	44.49	30.34
2009	43.85	24.02	59.75	15.88	50.75	33.53	35.62	43.18	38.78	39.26
2010	53.22	14.98	62.37	16.59	50.97	36.45	35.84	44.8	41.57	36.46
2011	51.88	31.44	59.45	19.58	48.37	29.25	33.35	41.54	43.28	33.98
2012	58.01	21.05	58.88	18.45	54.01	23.75	42.01	34.42	48.10	24.98
2013	62.47	17.98	62.59	15.26	58.46	20.40	46.25	29.51	53.25	21.41
平均	55.34	22.63	60.76	12.59	52.76	29.86	39.68	38.88	44.26	30.55

備註：1.自籌財源比率（A）：90年以後公式為【（歲入－補助及協助收入－統籌分配稅收入）／歲入】*100。
　　　2.補助收入依存度（B）：（補助及協助收入／歲出）*100。
　　　3.由於桃園市於2014年12月25日始升格為直轄市，故未列入評比。
資料來源：中華民國統計資料網—縣市重要統計指標查詢系統。

　　因此中央政府針對解決地方財務困境，財政部於2014年提出「財政健全方案」，以提升地方財政自主，有效控管公共債務以符合法定債限為目標提出相關財務健全策略，包括：積極提高自有財源、降低債務餘額及強化地方財政輔導等，提出開源、節流、加強債限管控，降低債務餘額及強化地方財政輔導等具體作法。惟在地方自主意識日益高漲，財政卻高度依賴中央的矛盾氛圍中，地方（特別是直轄市）如何回應中央政府提出之財政健全方案？亦即地方政府在緊縮時期如何回應民眾服務需求？為瞭解地方政府近年來因應財政緊縮政策的策略及工具，本文設定下列研究問題：（1）地方政府對中央政府提出之財政健全方案客觀配合之的執行成效如何？（2）地方政府對中央政府提出之財政健全方案之主觀回應性如何？

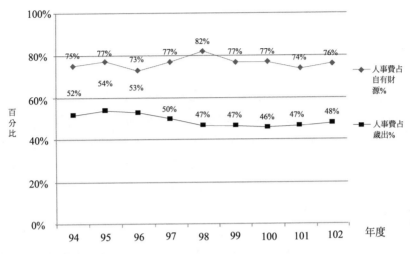

資料來源：財政部。

備註：101年度以前為審定決算數，102年為預算數。

圖4-2　地方政府人事費占歲出及自有財源比例

貳、財政困境下之地方財務管理策略

　　學者Politt（2010）揭示二十世紀之後全球各國政府面對公共服務的提供將走入一個「裁減公共支出及緊縮財政」的新時代，也就是當代政府將陷入「裁減」及「更多公共服務」的需求衝突之中，是前所未有的挑戰（Overmans & Noordegraaf, 2014: 99; Pandey, 2010; Politt, 2010: 18）。因此，財政緊縮時期所規劃的財務管理策略也就是所謂的「裁減管理」（cutback management）或「緊縮管理」（austerity management）。公共行政學界討論裁減管理的最早文獻來自於學者Levine（1978），他將裁減管理定義為：「組織變革朝向較低水準的資源消費及組織活動的管理方式。」組織進行裁減管理的過程中，必須做許多艱難的取捨，由於資源稀少之故，其中混雜著若干問題，包括受到影響的成員得不到相對報償而無法接受變革；公部門將面對專業規範、公民服務程序、資深人員的偏好、對人民的承諾以及集體協商決定的困境，以及組織變革過程中產生

影響組織士氣及工作滿意度、工作成就感降低等複雜問題（Levine, 1979: 180）。

　　兩位西方學者Savi & Randma-Liiv（2013）針對近代裁減管理學術文獻進行系統性回顧及整理，指出公共行政領域中對於裁減管理所涉及的研究議題是多元的，包括裁減與改革之間的長期關係，管理財政緊縮時期政府新任務的必要原則（Dabrowski, 2009; Gieve & Provost, 2012; Thynne, 2011），公民對政府的期待日益加深而信任卻日益降低的研究，以及公共領導角色如何處理的問題等等（Kattel & Raudla, 2012; Massey, 2011; Posner & Blöndal, 2012; Van de Walle & Jilke, 2012）。研究議題的多元性正足以反應當前政府回應財政困境之面向及策略不僅多元且仍未獲得共識（Bideleux, 2011; Kickert, 2012; Lodge & Hood, 2012; Peters, 2011; Peters, Pierr & Randma-Liiv, 2011; Pollitt, 2010; Verick & Islam, 2010; Savi & Randma-Liiv, 2013: 4）。

　　雖然世界各國裁減管理策略具有多元性，且其成效仍具有爭議性，裁減管理的成功與否，與所採用之策略或戰術工具應有密切關係，因此裁減策略及工具之研議依然是學術研究重點之一。相關文獻對於裁減管理之策略介紹，大致可以區分為三種類型：（1）支出刪減策略（expenditure cutting strategies）；（2）收入充實策略（revenue enhancement strategies）；及（3）管理提升策略（management improvement strategies），每一策略包括各種不同執行工具或戰術（詳表4-3）。首先，公共支出之刪減工具，一般包括維修支出及資本投資方案之遞延、刪減行政辦公費用、公共服務（方案）終止、減薪及凍結人事等等。Walzer、Jones、Bokenstrand及Magnusson等四位學者指出支出面策略有兩個主要特徵，一是「一般刪減」常用於所有部門或者是最不重要的方案或服務；另一則是有些策略可以持續對整體支出產生衝擊，但有些策略，特別是資本發展計畫，可能只具有短暫效果而已（Walzer, et al, 1992; Krueathep, 2013: 454）。

表4-3　裁減管理之各類策略工具

支出刪減策略（ES）	收入充實策略（RS）	管理提升策略（MIS）
1.降低雜項支出（如：加班費、差旅費、辦公用品等） 2.人事凍結 3.全面性刪減服務方案 4.刪減最不重要的服務方案 5.遞延維護費用及資本投資支出 6.刪減資本投資方案	1.提高稅率或稅基 2.徵收額外的使用者稅費 3.嚴格的租稅及收入目標 4.動用預備金	1.支出監督 2.工作流程再造 3.中程支出刪減及預算平衡目標 4.公共服務契約外包

資料來源：修改自Krueathep (2013: 455).

　　其次，增加公共收入之工具運用，也是裁減管理之另一項策略類型，包括課徵新的使用者稅費、提高稅率或稅基、清理資產、動用預備金或者舉債等。根據實證研究結果發現新徵額外的使用者稅費，近十幾年來是西方國家常採用的一種籌措政府財源方式（Pammer, 1990; Walzer et al., 1992），因為使用者付費的邏輯較容易被民眾接受。此外，稅制調整一直都是增加收入的選項之一，只是使用此工具的交易成本偏高，同時一般民眾對增加租稅仍存在抗拒；雖然一般政府官員偏好以增加收入的方式維持既定支出水準（Pammer, 1990; Wolman, 1980），惟採用此種策略常缺乏政治可行性而窒礙難行。

　　除了刪減支出及增加收入之外，政府還可採用公共管理提升之相關策略，確保在日益縮減的資源之下，民眾能得到相同（或更好）的公共服務水準。此類型之策略工具則包括：將公共服務授權至其他層級政府或私人企業、工作流程再造、採用中程財政及預算規劃及公共支出監督等。相關文獻指出將公共服務契約外包，私部門基於競爭及利潤導向的動機，可提升服務效率（Borcherding, Burnaby, Pommerehne & Schneider, 1982; Daft, 2007）；工作流程再造能降低公共服務之交易成本，提升服務效率；另外中程預算規劃及監督公共支出的管理工具能夠診斷公共資源的配置及使用，對於經濟成長及穩定具有一定的輔助效果（Schick, 1998）。

　　國內許多學者關注地方政府之財政困境，從1990年代末期開始陸續進行地方財政困境之研究探討，分析地方政府之歲入結構及財源不足問題，提出各種具體策略建議，包括加強拓展課稅收入及補助、協助收入以外的財源、宣導受益者及使用者付費之觀點，研究各種可能開徵之收入項目並落實之（單昭琪，1996）。學者研究發現臺灣地方政府收入結構僵固，依賴單一稅收來源及補助，可能危及歲入結構穩定，而建議地方政府必須提高自籌財源及其他收入比例，強化歲入多元性以協助地方財政穩定（劉志宏、郭乃菱，2012）。另有不少學者由制度面強調中央監督及協調機制之建構，提出強化地方財政責任，提升地方財政自主性、加強地方財政資訊揭露、加強地方財政紀律及地方政府間之合作等建議，直轄市陸續落實運用各項策略工具來強化健全財政，臺北市利用《促進民間參與公共建設法》（簡稱促參法）引進民間投資，增加地方建設及稅收；新北市設計財政監督機制奏效，使預算浪費情況大為降低；臺中市政府透過提高土地利用價值來增加財政收入及創造經建財源；高雄市政府利用「港市合作」概念來增加地方稅收，與中央合作進行土地開發，提升土地價值；桃園市則透過活化都市空間，提升多元文化，以加值財政策略增加稅收（廖坤榮，吳秋菊，2005；徐仁輝，鄭敏惠，2011）。

　　有鑑於地方財政長期失衡之困境，如前述財政部於2014年2月提出「財政健全方案」，針對中央及地方政府分別規劃改善財政失衡之策略及作法並全力推動，下一節將評析此方案對於改善地方財政之策略規劃及地方政府配合推動的客觀執行成效。

參、地方財政健全方案之規劃

　　依據當前地方政府財政現況，財政部國庫署歸納出地方政府目前所面臨的四項重要的財政問題，包括：（1）自有財源偏低；（2）支出結構僵化；（3）財政收支失衡，債務負擔沈重；及（4）財政紀律不足等，

藉此訂定兩項基本目標：提升地方財政自主及控管公共債務以符債限，一方面希望地方能擺脫長期過度依賴中央統籌稅款及補助款的情況，另一方面加強地方財政紀律及財政責任。針對地方政府所規劃之財政健全方案架構如圖4-3。

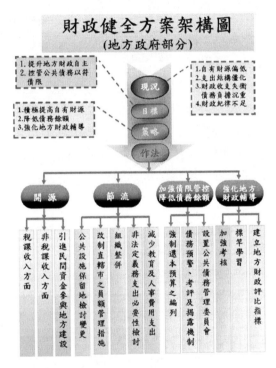

資料來源：財政部。

圖4-3　財政健全方案架構-地方政府部分

　　上述財政健全方案所訂定的策略方向有三：積極提高自有財源、降低債務餘額及強化地方財政輔導，而具體作法分為四個面向進行：（1）開源；（2）節流；（3）加強債務管控，降低債務餘額；及（4）強化地方財政輔導，茲分別說明各面向之作法及行動計畫如下（財政部國庫署，2014）。

一、開源

　　多年來地方自有（籌）財源一向偏低，要擺脫過度依賴中央的當務之急是增加自有財源。中央規劃建議由稅課收入面、非稅課收入面及引進民間資金參與地方建設三方面著手提升自有財源。首先，在稅課收入方面，一方面檢討地方稅優惠規定，另一方面強化不動產價格之評定，前者主要為修正有關身心障礙者免徵使用牌照稅之規定，後者則針對房屋稅條例有關非自用之住家房屋稅率擬提高為1.5%到3.6%，以及檢討涉及地價稅及房屋稅減免規定之法規；財產稅（土地稅及房屋稅）是地方稅的主力，有效增加土地稅的方式莫過於提高稅基，因此財政部將提供地理資訊系統（GIS），協助地方政府調整地段率，幫助地方政府於未來兩次評定房屋標準價格時，以房屋標準單價調整至合理造價之40%至50%為目標，同時預計於2015年調整公告土地現值占一般交易價格九成，並將調整情形列入年度業務考核項目。

　　其次，為有效解決非稅課收入停滯的問題，財政部規劃建議兩種行動方案，一為落實使用者付費觀念，建議地方政府定期檢討規費收費基準，至少每三年辦理規費收費基準之檢討，希望每年能有新增或調升規費項目，以多元方式加強對民眾宣導。另一方案為活化及開發資產，透過中央與地方合作，簽訂國有非公用不動產改良利用契約，開發公有非公用不動產，規劃招商引進民間資金，將政府建設計畫與周邊市有土地結合開發便是一種很好的模式。地方亦可運用大眾運輸導向發展（Transit-Oriented Development, TOD）財務機制，將捷運、機場、鐵路等交通建設，結合土地開發策略，由增加容積、閒置或騰空土地再利用等方式，將建設計畫周邊土地開發利益、沿線土地利用增值、增額容積等公共建設外在效果內化為財務效益，臺北市政府交九轉運站以及高雄市政府高雄巨蛋計畫便是活化市有土地利用、引進民間資源參與的成功範例（陳淑貞，2012：74）。

　　財政健全方案中規劃開源作法中最後一項是引進民間資金參與地方

建設，利用多元開發管道，透過BOT、BTO等方式投入地方公共建設興建營運，運用民間投資公共建設平台，協助解決排除投資障礙，積極啓發促參案源；舉辦國內招商大會、商機座談會，跨機關合作，媒合各地方政府及投資者投入公共建設；最後，引進政府購買服務型促參計畫（Private Finance Initiative, PFI），靈活資金運用。

二、節流

財政部規劃地方控制支出（節流）的作法有四：公共設施保留地檢討變更、組織整併及員額管理、檢討非法定義務支出及減少教育及人事費支出。公共設施保留地的處理依據內政部訂定「都市計畫公共設施保留地檢討變更作業原則」，以2014-2017年爲期程，以1.42億經費補助地方加速辦理公共設施保留地之檢討變更作業。在組織整併及員額管理部分，成立組織改造小組，依據「地方行政機關組織準則」、落實「縣市改制直轄市三年期滿之員額管理原則」及「各級地方政府辦理員額管理建議措施」[1]等相關規定，配合財政能力適切控管預算員額，以期有效控制人事費比例偏高的問題；同時也建議檢討國民小學及中學每班學生人數逐年降低、教職員額編制及授課時間之相關規定，以減少教育及人事費支出；最後則建議地方檢視非法定義務支出，依實際需要及施政優先次序，確實檢討非法定社福支出。

---

[1] 各級地方政府辦理員額管理建議措施，包括：(1)按零基預算之精神逐年編列員額；(2)落實員額總量管理；(3)積極推動各類員額精簡措施；(4)運用員額評鑑作爲檢視人力配置及運用合理性之工具；(5)重新設計組織結構；及(6)強化有限人力運用效能。

三、加強債務管控、降低債務餘額

在債限控管部分，方案中規劃以三項行動計畫來落實，一為預算管制，依《公共債務法》第12條規定，強制編列債務之還本，規範直轄市至少以當年度稅課收入5%，縣（市）及鄉（鎮、市）至少以其上年度公共債務未償餘額預算數1%為基準編列還本預算；二為設置管理委員會監督，財政部訂定「公共債務管理委員會組織規程」及「公共債務管理委員會審議規則」，規範地方政府應於2014年6月底前成立公共債務管理委員會，主要任務在於監督及審議自償性公共債務、債務改善計畫及時程表；最後，是各項機制的建立，包括預警機制、考評機制及揭露機制，擴大針對一年以上債務達債限90%之地方政府，限期改正或訂定償債計畫、債務改善計畫及時程表，辦理債務管理項目考評，強化債務管制，未經監督機關同意者，其新增債務不得超過前一年度舉債額度，並於網站中定期登載各級政府債務負擔概況，適時揭露債務情況。

四、強化地方財政輔導

針對地方財政的輔導工作，規劃由三方面著手：加強考核、標竿學習及建立地方財政評比指標。首先，透過債務餘額、開源及節流績效、欠稅清理、房屋稅收努力程度、預算編製及執行等多元面向，對地方財政績效進行考核。接著，透過舉辦地方財政研習班及地方財政業務聯繫會報及推動經驗分享，持續精進地方財政業務。最後，建立客觀、公正的地方財政評比指標，就「支出節流與歲入歲出餘絀控管」、「收入開源績效」及「債務管理」等三大面向，訂定十一項財政評比指標並適時公布（詳表4-4），以提高地方財政透明，以利地方政府自我改進。

表4-4　地方財政評比指標

面向	評比指標
支出節流與歲入歲出餘絀控管	1.歲入歲出籌編情形：當年度總預算連同特別預算歲出增加幅度是否超過歲入成長幅度。 2.歲出規模控制情況：上年度歲出決算審定數較前一年度之增減比率。 3.歲入歲出餘絀改善情形：上年度歲入歲出餘絀決算審定數較前一年度之增減比率。
收入開源績效	1.稅收增減情形：上年度不含中央統籌分配稅款及菸酒稅之稅課收入決算審定數較前一年度之增減比率。 2.規費增減情形：上年度規費收入決算審定數較前一年度之增減比率。 3.自籌財源增減情形：上年度歲入扣除中央統籌分配稅款與補助及協助收入之決算審定數較前一年度之增減比率。 4.自籌財源占歲入比率：上年度自籌財源占上年度歲入決算審定數之比率。
債務管理	1.債務餘額評比： (1)長短期債務餘額占舉債上限比率。 (2)長短期債務餘額占舉債上限比率近二年度增減情形。 2.付息負擔評比： (1)付息數占自有財源之比率。 (2)付息數占自有財源之比率近二年增減情形。

資料來源：財政部。

　　由於地方財政屬於地方自治事項，受首長施政理念及地方政治生態影響，各地方政府財政自我負責程度不一，加上各地工商發展情形不同，稅源分布不均，歲出結構僵化，普遍呈現財政收支短差擴大的情況。中央如何擔任輔導角色，督促健全地方財政，共構國家財政健全，是財政健全方案成敗的重要挑戰。本研究擬針對地方政府所採行提升財務管理策略進行客觀性之成效分析，並探索性的瞭解直轄市對於中央政府提出財政健全方案之回應性及影響。

肆、研究設計及方法

　　本研究採用既有統計資料分析法及質性之敘述性分析法（Narrative Analysis）為研究方法，統計資料來源為財政部國庫署公布之103年度地

方財政評比指標評核結果，並蒐集與地方財政相關之法規修正資料及地方
實際執行之相關新聞資料，評析地方政府主要監控指標之現況；同時，進
一步探索臺灣直轄市為因應財政困難所採用策略的共同性及差異性，以半
結構式深度訪談方式蒐集資料，採立意抽樣方式，選擇目前任職於五都之
主計機關或財政機關中，負責財務管理業務之幕僚或主辦人員為研究對
象。共計訪談主計單位幕僚2位，財政單位幕僚及主辦人員7位，受訪對
象如下表4-5所示。

表4-5　深度訪談之受訪對象

序號	編號	訪談日期	單位職稱
1	A	2014/07/21	財政局主任秘書
2	B	2014/07/31	財政局財務管理科長
3	C	2014/07/09	主計處主任秘書
4	D	2014/07/09	財政局主任秘書
5	E	2014/07/09	財政局財務管理科長
6	F	2014/07/17	財政處財務管理科長
7	G	2014/07/17	財政處專門委員
8	H	2014/07/16	財政局財務管理科長
9	I	2014/07/16	主計處會計管理科科長

訪談大綱如下：

一、您所服務的地方政府採用何種策略或工具來強化財政收入？

二、您所服務的地方政府採用何種策略或工具來控制財政支出？

三、您所服務的地方政府採用何種策略或工具來管理債務？

伍、當前地方財務管理之策略成效及其回應

　　財政部2014年初爲提升地方財政自主及控管債務，研擬地方政府之「財政健全方案」，依開源、節流、債限控管及強化地方財政輔導等四大主軸，規劃二十七項具體執行措施及方案計畫，以下就公共財務管理的核心目標——開源、節流及債限控管爲分析面向，逐一檢視討論直轄市對財政健全方案相關策略之回應情況，並深入瞭解實際運用之策略方式：

一、開源

　　針對開拓地方財源，中央政府於2014年修正「金融營業稅」由2%復徵至5%，2014年7月1日起實施，同時所得稅法兩稅合一由全額扣抵改爲半數扣抵，將財政大餅做大之後，透過中央統籌分配稅款同步增加對地方財源的挹注。其次，增加自有財源的行動計畫從強化「稅課收入」及「非稅課收入」徵收著手，針對加強稅課收入的方案，包括：檢討地方稅相關優惠規定及強化不動產價格評定。前者針對非自住房屋之房屋稅稅率、財產稅租稅優惠及身心障礙者免徵牌照稅之相關規定進行檢討，請各直轄市及縣（市）政府依《房屋稅條例》第5條第1款及第6條規定，視地方實際情形就非自住之住家用房屋訂定與自住房屋差異徵收率；併同檢討第5條第2款規定非住家用房屋之徵收率；同時請相關部會[2]就其主管法規，檢討地價稅、房屋稅減免規定之存廢。另外，檢討《使用牌照稅法》第7條第1項第8款有關身心障礙者免徵使用牌照稅規定。

　　上開《房屋稅條例》及《使用牌照稅法》之修正，業已於2014年5月20日及5月30日陸續修正通過，法規修正對照表請詳見附錄4-1。由財政管

2　相關部會包括：行政院農業委員會、內政部、交通部、文化部、國防部、財政部推動促參司、財政部國有財產署及各地方政府等。

理角度而言，法規修正的重點在於擴大自用住宅與非自用住宅稅率的差距，提高房屋持有成本，縮小優惠租稅範圍，減少對地方稅基的侵蝕。後者則針對房屋稅、地價稅及土地增值稅的稅基進行合理評定，參考地理資訊系統（GIS）調整地段率，覈實依法按各種建造材料區分種類及等級合理評定房屋標準單價；積極辦理《平均地權條例》第14、15條公告地價調整，及依《平均地權條例》第40條第4、5項，將公告土地現值逐年接近一般正常交易價值等兩項業務之考核。為達成此目標，內政部預計於2015年逐年調整公告土地現值占一般正常交易價格達九成，目前各直轄市、縣（市）政府大都依照進度辦理，2014年公告土地現值占一般正常交易價格比例全國平均為86.25%，加上2012年8月起實施實價登錄政策，使公告土地現值更能反映市場動態，繼2014年調升14.21%之後，2015年預計再調升12.04%，占一般正常交易價格全國平均將提升達88.68%（內政部地政司，2015），各直轄市及縣（市）均有不同幅度的調升[3]，讓土地現值不僅能反映市價，更能厚實土地增值稅之稅基。

在非稅課收入部分，落實使用者付費之觀念及宣導，以活化及開發資產的作法來徵收稅課以外的其他收入，改善地方政府非稅課收入停滯的問題。目前臺灣民眾已普遍能接受使用者付費的觀念，地方政府可分別依據《規費法》第10條第1項及第11條規定，訂定規費之法規命令，落實至少每三年辦理收費基準之檢討，在民眾可接受的範圍內新增或調升規費項目，增加地方財政收入。此外，積極鼓勵地方開發公有非公用不動產規劃招商，引進民間資金及專業以創造商機，增加地方財政收入。臺北市自1997年開始便採用此種模式，陸續推動以設定地上權方式，將市有非公用土地委託民間機構興建及營運，引進民間資金及效率投資興建公共建設，促進市有財產永續經營，2012年第一季完成信義計畫區及士

---

[3] 根據內政高部統計，104年公告土地現值與103年相比，各直轄市、縣（市）均調升，以澎湖縣24.92%、金門縣17.91%、宜蘭縣16.57%、新北市及高雄市均為15.17%、新竹市13.21%、屏東縣12.92%、桃園市12.56%、臺南市12.49%調幅較大，其他直轄市部分調升幅度分為別：臺北市10.63%、臺中市11.06%。預計全國平均調升12.04%（內政部地政司，2015）。

林官邸旁兩件大型地上權招商案，總權利金底價高達271億元（林湘慈，2012）。目前臺北市是完成最多促進民間參與公共建設投資案例的城市，其他地方政府亦正積極研擬配合國有財產署共同推動國有或市有非公用不動產進行改良利用之工作計畫，創造更多地方財源。

　　依財政部國庫署於2014年公布之地方財政評比指標評核結果，有關收入開源績效部分，共計「稅收增減情形」、「規費增減情形」、「自籌財源增減情形」及「自籌財源占歲入比率」等四項評比指標（見表4-6），反映臺灣地方政府租稅努力及財政依賴度的情況。分析表4-6之指標資料，2013年直轄市租稅收入均呈現成長態勢，其中以新北市增幅最大（18.89%），臺北市增幅最小（5.17%）；縣（市）部分除了連江縣呈現稅收減少情況之外，其他縣市均成長，澎湖縣增幅最大（51.84%），其次為宜蘭縣（22.81%）；規費增減情形，除了臺北市呈現小幅減少之外，其他直轄市均成長，臺南市增幅最大（14.8%），縣市部分則互有增減，增幅最大的是雲林縣，成長了43.24%，減幅最大則為嘉義縣（12.66%）；自籌財源的部分，直轄市的財政努力及財政依賴度相對較縣市政府優良許多，高雄市及臺中市的增幅很顯著（19.51%、16.58%），占歲入的比率幾乎達到五成；新竹縣及南投縣之自籌財源2013年度呈現減少情況，反之，彰化縣與苗栗縣之自籌財源則有明顯增加現象，但由占歲入比率觀之，多數縣市政府之收入中有七至九成仍須仰賴中央挹注。整體而言，收入開源之推動績效，直轄市中以新北市表現最佳，臺南市有較大的進步空間。

　　財政健全方案中，有關「開源」的最後一項行動方案是「引進民間資金參與地方建設」，由財政部協助地方政府辦理促參案件，引導民間資金透過 BOT、BTO[4] 等多方元方式，投入地方公共建設，善用民間投資公共

---

[4] BTO（Build-Transfer-Operate）分為無償BTO及有償BTO，前者係由民間機構投資新建完成後，政府無償取得所有權，並委託該民間機構營運，營運期間屆滿後，營運權歸還政府。後者則是由民間機構投資新建完成後，政府一次或分期給付建設經費以取得所有權，並委託該民間機構營運，營運期間屆滿後，營運權歸還政府。

表4-6　2014年度地方財政評比指標評核結果──收入開源績效

單位：%

項目別 縣市別	稅收增減情形 （註1）	規費增減情形 （註2）	自籌財源增減情 形（註3）	自籌財源占歲入 比率（註4）
臺北市	5.17	-1.19	5.67	62.59
新北市	18.89	12.42	9.71	62.47
臺中市	13.93	9.62	16.58	58.46
臺南市	7.81	14.80	4.23	46.25
高雄市	10.59	6.34	19.51	53.25
桃園市	14.12	21.38	2.21	56.74
宜蘭縣	22.81	13.09	7.01	34.11
新竹縣	9.17	17.25	-12.31	46.01
苗栗縣	8.25	21.82	27.87	35.46
彰化縣	10.20	7.92	29.17	32.84
南投縣	6.88	-7.05	-4.24	18.70
雲林縣	3.93	43.24	4.13	23.33
嘉義縣	3.35	-12.66	5.37	14.62
屏東縣	7.27	12.02	8.63	19.23
臺東縣	8.06	-3.97	7.44	12.57
花蓮縣	23.08	1.87	1.68	24.12
澎湖縣	51.84	9.74	24.92	10.64
基隆市	12.97	-8.18	13.91	33.16
新竹市	8.39	12.9	4.74	52.72
嘉義市	2.72	3.53	7.14	32.34
金門縣	39.17	14.34	2.58	68.04
連江縣	-3.94	-6.93	9.16	10.59

備註：1.「稅收增減情形」：102年度不含中央統籌分配稅款及菸酒稅之稅課收入決算審定數較
　　　　前101年度之增減比率。

　　　2.「規費增減情形」：102年度規費收入決算審定數較101年度之增減比率。

　　　3.「自籌財源增減情形」：102年度歲入扣除中央統籌分配稅款與補助及協助收入之決算
　　　　審定數較101年度之增減比率。

　　　4.「自籌財源占歲入比率」：102年度自籌財源占102年度歲入決算審定數之比率。

資料來源：財政部國庫署。

建設平台，協助解決投資障礙，同時結合行政院全球聯合招商服務中心，舉辦國內招商活動，媒合各地方政府及投資者投入公共建設，引進政府購買服務型促參計畫，靈活資金的運用，及早實現提供公共服務。早在政府提出財政健全方案之前，此種開源模式已廣被地方政府採用，已初具成果（如附錄4-2），近年來都會城市中許多大型公共建設，礙於財政困境，大多必須仰賴與民間共同合作來開發。

二、節流

　　針對地方政府面臨人事費負擔沈重，以及社福支出的大幅成長所造成的支出結構僵化等支出面的問題，財政部規劃之行動方案包括「改制直轄市之員額管理措施」、「組織整併」、「減少教育及人事費支出」及「非法定義務支出必要性檢討」，人事費用上的控制，中央仍然必須尊重地方自治權責，合理控管地方機關員額成長，雖欲強化對地方財政紀律之督導功能，未必能得到地方的正面回應，對於節流的效果有限；至於社福支出成長的控制，基本上中央目前所採取的督導工具是「一般補助款」，請各地方政府依實際社會福利服務需求匡列中央對地方政府一般性補助款指定辦理施政項目，要求各地方政府落實辦理，不得重複申請衛生福利部社會福利補助項目，據以檢視非法定社會福利支出運用情形，作為一般性補助款指定辦理施政項目的考核，列為增減其當年度所獲分配之一般性補助款及補助經費設算指標修正係數之標準，透過分配權重之調增（降）加強地方政府的執行能力。各地方政府為爭取更多一般性補助款項，一般會採較積極的配合態度及正面回應。

　　「公共設施保留地檢討變更」是目前地方政府最常使用的節流作法，地方針對都市計畫公共設施用地進行專案通盤檢討，以區段徵收或市地重劃的方式辦理整體開發，檢討變更不必要的公共設施保留地，一方面促使有限土地資源做合理利用，發揮效能以減少民怨；另一方面透過政府

公辦整體開發方式，取得仍有興闢需要的公共設施用地，提升都市居民生活環境品質，減輕政府取得公共設施保留地之財務負擔。採用市地重劃或區段徵收方式進行土地開發，政府不僅可無償取得公共設施用地，節省龐大的用地徵購費用（節流），由於開發區基地適合建築利用，土地價值隨之上升，公告現值及公告地價之調高，亦可為地方稅收帶來實質助益；此外，市地重劃後抵費地及區徵配餘地之標售，也可為地方帶來額外的可觀收入（開源）。以臺中市為例，過去十年來辦理區段徵收開發案[5]已創造102億元盈餘，第七期市地重劃標售抵費地依重劃後地價計算金額為96億4,487萬餘元，而實際標售總金額高達到349億9,394萬餘元，創造253億元收入，除此之外，節省政府用地徵購地價及重劃工程建築費用約146億元。目前辦理中的第13、14期市地重劃合計開發面積約為632公頃，預估將可為臺中市府帶來超過200億元的市政收入，重劃完成後，預估可無償取得公共設施用地約292公頃，節省開發經費約577億元（臺中市政府地政局，2013），對於減輕地方政府財政負擔，有非常大的助益。因此，對地方財政而言，辦理市地重劃或區段徵收，是既能開源又可節流的利器。

有關支出節流績效的指標評核，2014年公布之三項評比指標「歲入歲出籌編情形」、「歲出規模控制情形」、「歲入歲出餘絀改善情形」中（如表4-7），總預算（含特別預算）歲出增加幅度仍超過歲入增加幅度的直轄市包括臺中市、臺南市，其中以臺中市的增幅差距高達12.7%，加上歲出決算審定數增減比率之指標，直轄市之中除了臺中市之外，其他城市去年對於支出規模的控制均具一定成效。因此，綜合第三項歲入歲出餘絀改善情形，整體而言直轄市展現對於支出節流的努力，新北市及高雄市是2014年節流績效較佳的城市，而臺中市政府則必須加強監控支出的成長。

至於其他縣市政府之節流績效表現，整體而言，節流績效相對較佳

---

[5] 包括：振興路以南地區、廍子地區、大里草湖地區及太平新光地區等。

表4-7　2013年度地方財政評比指標評核結果
——支出節流與歲入歲出餘絀控管情形

單位：%

項目別 縣市別	歲入歲出籌編情形（註1）	歲出規模控制情形（註2）	歲入歲出餘絀改善情形（註3）	
			賸餘增減	短絀增減
臺北市	-6.15	-3.69		-2.96
新北市	-0.25	-2.08		-3.62
臺中市	12.70	9.67		1.70
臺南市	7.82	-5.65		-0.33
高雄市	-1.39	-2.26		-8.68
桃園市	11.57	-0.61	-1.45	
宜蘭縣	7.37	2.50	0.30	
新竹縣	5.65	-9.51	0.76	
苗栗縣	-17.47	-3.55		-3.36
彰化縣	0.64	-1.47		-4.75
南投縣	-0.81	3.03	2.97	
雲林縣	4.75	3.38		0.10
嘉義縣	0.41	-0.14		-2.73
屏東縣	0.49	-3.83		-0.72
臺東縣	-0.46	-1.93		-2.00
花蓮縣	2.02	3.62	-1.86	
澎湖縣	-0.34	3.54		-2.50
基隆市	5.52	-0.93	2.74	
新竹市	2.08	-0.94	3.23	
嘉義市	0.66	1.83	4.99	
金門縣	8.17	2.96	-6.07	
連江縣	2.06	5.06	2.78	

備註：1.「歲入歲出籌編情形」：2014年度總預算連同特別預算歲出增加幅度超過歲入成長幅度
　　　　情形。
　　　2.「歲出規模控制情形」：2013年度歲出決算審定數較2012年度之增減比率。
　　　3.「歲入歲出餘絀改善情形」：2013年度歲入歲出餘絀決算審定數占歲出比率較2012年度
　　　　之增減百分點。
資料來源：財政部國庫署。

的縣市包括苗栗縣、彰化縣、南投縣、屏東縣及臺東縣，而支出控制相對
較差的縣市有宜蘭縣、雲林縣、花蓮縣及金門縣。值得一提的是苗栗縣政
府，商業周刊2012年公布「地方財政昏迷指數」[6]，苗栗縣的財政狀況被
評定為「瀕臨腦死」，但由2014年支出節流指標來看，該縣在支出撙節
之作為，已展現努力成果，對於地方財政長期健全有正面的影響。

三、債限控管

　　地方政府由於財政收支長期失衡，未償債務水準偏高，然而《公共債
務法》之債限管制係屬「存量」控管，「財政健全方案」中規劃建立「流
量」的動態控管機制，包括「強制還本預算之編列」，規定地方政府每
年編製歲出預算時，至少應編列以當年度稅課收入5%，而縣（市）及鄉
（鎮、市）則應編至少以其上年度公共債務未償餘額預算數1%之還本預
算；同時「設置公共債務管理委員會」，財政部規範地方政府應於2014
年6月底前成立公共債務管理委員會，任務為監督及審議自償性公共債
務、債務改善計畫及時程表等，依據財政部國庫署於2015年2月12日發布
之新聞稿內容表示，所有地方政府均已於2014年成立公共債務管理委員
會，建立審議自償性公共債務作業，落實債務控管。另一項債務控制的機
制係透過資訊透明化，「建立債務預警、考評及揭露機制」鼓勵地方財政
自我負責的精神，擴大針對一年以上債務達債限90%之地方政府，限期改
正或訂償債計畫及時程表，未經監督機關同意者，其新增債務不得超過前
一年度舉債額度，並辦理債務管理項目之考核並定期揭露債務負擔概況。

　　各地方政府債務管理之績效，由2014年之評比指標來看（如表4-8），

---

[6]　商業周刊公布2012年「地方財政昏迷指數」，借用醫學上的「昏迷指數」概念來評
　　定地方財政的狀況，地方財政昏迷指數愈低，意味該縣市財政狀況愈糟，破產的可
　　能性愈大，當時苗栗縣的財政昏迷指數被評定為最低的2.52，指數小於3代表「瀕臨
　　腦死」狀態。

表4-8　2013年度地方財政評比指標評核結果──債務管理

單位：%

項目別 縣市別	債務餘額評比（註1）		付息負擔評比（註2）	
	長短期債務餘額 占舉債上限比率	長短期債務餘額占 舉債上限比率近二 年度增減情形	付息數占自有財 源之比率	付息數占自有財 源之比率近二年 增減情形
臺北市	40.13	3.95	2.75	26.59
新北市	72.91	19.72	0.65	22.29
臺中市	71.43	-4.86	0.73	-3.95
臺南市	94.50	-2.53	1.88	14.89
高雄市	70.64	2.21	1.89	-39.04
桃園市	53.06	-8.65	0.69	-15.85
宜蘭縣	144.94	-2.27	2.34	-11.10
新竹縣	88.84	1.22	2.15	-35.89
苗栗縣	154.55	15.19	5.69	66.37
彰化縣	70.13	0.25	1.26	-13.78
南投縣	85.89	2.00	1.76	-24.46
雲林縣	94.46	1.28	2.06	-6.61
嘉義縣	91.45	3.66	2.80	7.54
屏東縣	91.83	5.96	2.33	-14.22
臺東縣	59.68	-8.04	1.20	-8.43
花蓮縣	85.59	-3.41	1.75	-3.47
澎湖縣	25.13	19.44	0.99	31.46
基隆市	83.12	8.96	1.34	-1.21
新竹市	88.60	-8.01	1.25	0.60
嘉義市	17.39	-33.46	0.25	-35.28
金門縣	0.00	0.00	0.00	0.00
連江縣	0.00	0.00	0.00	0.00

備註：1.「債務餘額評比」：(1)「長短期債務餘額占舉債上限比率」：2013年度長短期債務餘額占舉債上限之比率。(2)「長短期債務餘額占舉債上限比率近二年度增減情形」：2013年度長短期債務餘額占舉債上限比率較2012年度之增減情形。

　　　　2.「利息負擔評比」：(1)「付息數占自有財源之比率」：2013年度付息決算審定數占自有財源之比率。(2)「付息數占自有財源之比率近二年增減情形」：2013年度長短期債務餘額占舉債上限比率較2012年度之增減情形。

資料來源：財政部國庫署。

臺南市政府之長短期債務餘額占舉債上限之比率雖有微幅下降，仍高達94.50%，已啓動預警機制，必須提出債務改善計畫及時程表。其他縣市中，宜蘭縣及苗栗縣之長短期債務餘額已超過債限，必須加強監控；其他已達債限預警標準之縣市還包括雲林縣、嘉義縣及屏東縣。透過提高地方財政透明度及持續考核，應可促使地方政府自我改進，以苗栗縣政府2014年付息數占自有財源比率較上年度增幅高達66.37%情況來看，該縣之公共債務管理委員會必須立即發揮實質的監督功能，才能即時遏止地方財政破產的悲劇產生。

上述爲中央政府推動之「財政健全方案」相關客觀指標之執行，至於地方政府對於中央所提出之財政健全策略及方案，主觀上的執行評價及回應則較爲消極，認爲中央2013年所提出財政健全之相關策略及方案只是「舊瓶換新酒」，這些「財政藥方」一直以來對於改善或健全地方財政的效果都很有限，地方政府回應中央的方式是「多多少少尊重一下！！」回應態度如同「叛逆期的青少年對待管教過嚴的父母」一般。其中問題出在中央急欲地方財政自主，增加自籌財源，透過修法、檢討過去制度來增加稅課及非稅課收入，但無論是地方稅優惠規定的檢討、透過不動產價格評定增加財產稅稅基、落實使用者付費，都是「取之於民」的作法，對於民選的地方首長來說「既不能也不想」，「不能」是因爲地方議會的反對力量，「不想」則是選票考量，因此地方會以「虛與委蛇」的態度來回應中央的財政健全政策也就不足爲奇了。

　　　　財政健全方案，基本上我們覺得……沒有太多的新意，説真的。……因爲那是舊的東西，中央對舊的東西再重新把它包裝一下……舊瓶新裝的感覺，内容大同小異，中央和地方整個財政狀況根本上還是沒有解決，所以他這些其實都只是形式，講實話他只是改個方案而已，並不會對我們的財政有什麼幫助。……，其中有一塊已經在做了，或許有這麼一點點效果，可是我覺得整個來講沒有達到我們想像中的預期效果。……其實就是監督啦，然後或許可能也還有一個效果或許可能拿個縣

市比較好提供給大家做參考。（B）

　　我是覺得沒什麼效果，因為它是過去幾年每一次談財務健全所提的所有方案的大雜燴，……感覺不會因為有人拿鞭子打你就走快一點，感覺啦，但是到是多了很多的……文書作業和列管資料，但他們手上有工具啊，它會說你不照這樣做就扣你錢，大家多多少少還是要尊重一下啦！但是那些方法其實是那些方案還沒出來之前散落在各地方或者本來已經在做。（A）

　　在財政收入的話，我們現在目前在稅的部分，稅捐處那邊一直努力，平常欠、催徵都有在做，但是成效和他們比起來沒有達到那麼好，其他的話，如果是規費，財政部最近也定了一個財政健全方案，也是又要再來考核我們，其實我們也都有督促機關，但是有時候規費的問題，只要跟民眾有第一線有影響的話，要突破都沒有那麼……。（H）

　　因此，地方政府在尋求解決財政困境的策略上，大多偏向採用「不擾民」而「有感」的模式，有足夠開發腹地的城市，偏好採行市地重劃及區段徵收的方式，兼具「節流」及「開源」之功能，政府不僅可無償取得公共設施用地，節省用地徵購費用，隨著開發區域土地價值上升，公告現值及公告地價調高可為地方稅收帶來實質助益，市地重劃後抵費地及區徵配餘地之標售，更可為地方帶來額外的可觀收入。此種推動作法基本上也穫得中央政府認同，近年來地方政府均大力推動。

　　地政局那個市地重劃跟區段徵收其實對歲入財產的貢獻也蠻大的，……除了市地重劃跟區段徵收，地只要一處分資金就會進來，所以其實蠻不錯的……成效其實是還不錯啦！（D）

　　我們現在做得最成功的就是市地重劃，在當時規劃的時候，借錢進來開發這塊，建設該有的公園也都做了，做完以後還可以盈餘300億，……地價稅一定有，地有人買還會增值，也

就是有地價稅、增值稅、房屋稅。（C）

　　像市地重劃、區段徵收，可以無償取得公用設施用地，要
徵收精華區的土地很貴，一條路都1億、2億，可是做市地重劃
可以取得公園用地還有道路用地，我們市政府就不用出錢，而
且繁榮了以後，售地收入不僅可以把它自己基金彌平，剩錢可
以繳庫。（F）

　　現在地政局那邊，市地重劃開發進度也是很快，……，因
為腳步夠快，整個帶動的話，發展起來稅收就會有影響，房屋
地價稅一定都會有差，有盈餘的話也可移至市庫。（H）

市地重劃或區段徵收之後（外），地方政府較有回應也努力推動的
作法是引進民間資金參與地方建設，與其說這是開源的策略，不如說是地
方政府在財政困難之下不得不採行的因應措施。中央政府創造及媒合各地
方政府及投資者，投入符合人民需求的重大公共建設，並協助解決投資障
礙，透過BOT、BTO等多元方式投入地方公共建設興建營運。引進民間
資金參與地方建設說穿了是一種政府與民間「各取所需」的合作模式，惟
「公共利益」與「私人利益」之間的平衡，是地方政府採用此種模式進行
公共建設時必須更注意拿捏的。

　　促參就是引進民間投資公共建設，這個公共建設本來應該
是政府要蓋的，引進民間來投資，所以我覺得促參是可以節省
經費的效益會比政府收到的收入還要顯著，我們促參簽約到現
在11件簽約，民間投資是202億。（G）

臺灣都市的角色及資源正在劇烈轉變中，由於新世紀地方治理時代之
需求，都市型地方政府常有地方財政自主的呼聲，2000年臺灣雖開始展
開一連串地方財政分權化的改革及制度建立，顯然並未能有效增加地方財
源，減少地方對中央政府之財政依賴，地方雖極力爭取財政自主權，卻仍
無法跳脫「中央集權、地方依賴」的財政關係。過去近十年來，地方政府

的財政收支一直處於失衡情況，不但自主財源嚴重不足，近年來由於社會多元化發展及民主選舉之不確定性，地方支出增加及非法定福利政策成長快速，使地方財政狀況益發惡化。

誠如前述，二十世紀之後全球各國政府面對公共服務的提供將走入一個「裁減公共支出及緊縮財政」的新時代，也就是當代政府將陷入「裁減」及「更多公共服務」的需求衝突之中，如何合適地運用裁減管理策略來解決財政困境，滿足人民的公共需求，將是執政者的一大挑戰。本文針對財政部提出「財政健全方案」之四大主軸及其具體執行措施、方案計畫及指標，進行客觀分析比較及主觀回應分析，發現開源的部分，地方政府雖配合執行，也具有一定成效，但這些「取之於民」的作法，對於民選的地方首長來說「既不能也不想」，因此地方可能採取「虛與委蛇」的態度來回應中央。至於鼓勵地方開發公有非公用不動產規劃招商，引進民間資金及專業以創造商機，以增加地方財政收入的作法，地方政府早已行之有年，也已具有一定的執行成效。

節流部分，地方人事費用上的控制，中央仍然必須尊重地方自治權責，未必能得到地方積極正面回應，節流效果有限；至於以「一般補助款」為監督工具來控制非法定社福支出成長，可能會有一定效果。但最具回應性的當屬以區段徵收或市地重劃的方式辦理整體開發，檢討變更不必要的公共設施保留地的作法。這種「不擾民又有感」的方式，政府不僅可無償取得公共設施用地，節省龐大的用地徵購費用，土地價值上升，公告現值及公告地價隨之調高，可為地方稅收帶來實質助益，市地重劃後抵費地及區徵配餘地之標售亦能創造可觀收入，對地方政府而言是既能開源又可節流的利器。

債限控管部分，所有地方政府於2014年均已成立公共債務管理委員會，建立審議自償性公共債務作業，落實債務控管。對於債限控管比較可能發揮作用的應屬「建立債務預警、考評及揭露機制」，透過資訊透明化，鼓勵地方財政自我負責精神，定期揭露地方政府債務管理項目之考核

結果及債務負擔概況，相互比較可產生警惕之心，人民及媒體亦可加入監督地方財政之行列。

　　整體而言，2014年臺灣直轄市中所展現對於支出節流的努力，新北市及高雄市績效較佳，而臺中市政府則必須加強監控支出成長。各地方政府債務管理之績效，由2014年之評比指標來看，臺南市政府之長短期債務餘額占舉債上限之比率雖有微幅下降，仍高達94.50%，是唯一啓動預警機制之直轄市，首長及相關單位必須研擬出債務改善計畫及時程表，以控制債務繼續成長。

附錄4-1、地方稅法規修正對照表

房屋稅條例第5條		修正通過時間：103年5月20日
修正規定	**現行規定**	**說明**
房屋稅依房屋現值，按左列稅率課徵之： 一、住家用房屋：供自住或公益出租人出租使用者，為其房屋現值百分之一點二，其他供住家用者，最低不得少於其房屋現值百分之一點五，最高不得超過百分之三點六。各地方政府得視所有權人持有房屋戶數訂定差別稅率。 二、非住家用房屋：供營業、私人醫院、診所或自由職業事務所使用者，最低不得少於其房屋現值百分之三，最高不得超過百分之五；供人民團體等非營業使用者，最低不得少於其房屋現值百分之一點五，最高不得超過百分之二點五。 三、房屋同時作住家及非住家用者，應以實際使用面積，分別按住家用或非住家用稅率，課徵房屋稅。但非住家用者，課稅面積最低不得少於全部面積六分之一。	房屋稅依房屋現值，按左列稅率課徵之： 一、住家用房屋最低不得少於其房屋現值百分之一點二，最高不得超過百分之二。但自住房屋為其房屋現值百分之一點二。 二、非住家用房屋，其為營業用者，最低不得少於其房屋現值百分之三，最高不得超過百分之五。其為私人醫院、診所、自由職業事務所及人民團體等非營業用者，最低不得少於其房屋現值百分之一點五，最高不得超過百分之二點五。 三、房屋同時作住家及非住家用者，應以實際使用面積，分別按住家用或非住家用稅率，課徵房屋稅。但非住家用者，課稅面積最低不得少於全部面積六分之一。	一、擴大自用住宅與非自用住宅稅率的差距，提高房屋持有成本，抑制房產炒作，並保障自住權益，爰修正原條文。 二、增列「前項第一款供自住及公益出租人出租使用之認定標準，由財政部定之。」

| 前項第一款供自住及公益出租人出租使用之認定標準，由財政部定之。 | | |

使用牌照稅法第7條第1項第8款　　　　修正通過時間：103年5月30日

修正規定	現行規定	說明
八、供持有身心障礙手冊或證明，並領有駕駛執照者使用，且為該身心障礙者所有之車輛，每人以一輛為限；因身心障礙情況，致無駕駛執照者，其本人、配偶或同一戶籍二親等以內親屬所有，供該身心障礙者使用之車輛，每一身心障礙者以一輛為限。但汽缸總排氣量超過二千四百立方公分、完全以電能為動力之馬達最大馬力超過二百六十二英制馬力（HP）或二百六十五點九公制馬力（PS）者，其免徵金額以二千四百立方公分、二百六十二英制馬力（HP）或二百六十五點九公制馬力（PS）車輛之稅額為限，超過部分，不予免徵。	八、專供持有身心障礙手冊，並領有駕駛執照者使用之交通工具，每人以一輛為限。但因身心障礙情況，致無駕駛執照者，每戶以一輛為限。	（一）原條文前段規定，關於車輛是否「專」供身心障礙者使用，認定困難，爰將「專」字刪除；並依身心障礙者權益保障法第五條規定，將「身心障礙手冊」修正為「身心障礙手冊或證明」；另本款前段規定，主要係考量身心障礙者因障礙部位及程度不同，對領有駕駛執照之身心障礙者，限以其所有之車輛，每人一輛予以免稅，為杜爭議，爰增列「且為該身心障礙者所有」文字，俾資明確，並將「交通工具」修正為「車輛」。 （二）為期公平並避免租稅減免規定遭濫用，但書一戶一輛規定，增列供身心障礙者使用之車輛為「其本人、

		配偶或同一戶籍二親等以內親屬所有」之要件。
		（三）爲保障身心障礙者行之需求並避免租稅減免浮濫，本款之適用採定額免稅，爰就汽缸總排氣量超過二千四百立方公分、完全以電能爲動力之馬達最大馬力超過二百六十二英制馬力（HP）或二百六十五點九公制馬力（PS）之車輛，明定其免徵金額及超過部分不予免徵。

附錄4-2、民間參與公共建設成果——地方政府

方式	案件名稱	民間投資規模	主辦（執行）機關
BOT	臺中市「市113」公有市場用地促進民間投資料發與經營管理案	5.98億元	臺中市政府
	市政府轉運站獎勵民間投資興建營運案	82億	臺北市政府
	臺北車站特定專用區交九用地開發案	109.44億元	臺北市政府
	北投線空中纜車計畫	27.8億元	臺北市政府
	臺北文化體育園區開發案——大型室內體育館開發計畫案	287.91億元	臺北市政府
	松山菸廠文化園區BOT計畫案	84.53億元	臺北市政府
	臺北市公有中崙市場BOT案	10.38億元	臺北市政府
	民間參與廣慈博愛園區興建及營運案	90.04億元	臺北市政府
	民間參與臺北市公有江南市場興建暨營運案	6.44億元	臺北市政府
	民間參與臺北資訊園區暨停車場興建及營運案	48.05億元	臺北市政府
	經國七海文化園區OT暨BOT案	11.39億元	臺北市政府
	高雄市現代化綜合體育館民間參與開發案	52億元	高雄市政府
	徵求民間參與興建暨營運高雄市楠梓污水下水道系統建設計畫	51.6億元	高雄市政府
OT	宜蘭縣利澤垃圾資源回收（焚化）廠委託操作	3.58億元	宜蘭縣政府

資料來源：財政部推動促參司、臺北市政府。

第三篇

公民課責面向

──財政透明與績效審計

壹、公民參與導入預算過程的基石

1990年代初期臺灣受到全球景氣衰退影響，國內投資意願不振，政府採行擴張性財政政策，推動重大建設並開辦各項福利措施，各級政府規模大幅膨脹，開始出現財政失衡情況；1992年各級政府歲出淨額占GNP比率達32.7%，但歲入卻因經濟衰退而遲滯，造成赤字大幅增加，約占GNP的7.3%，債務餘額隨之攀升（韋伯韜，2006：76）。2000年政治環境出現「分立政府」，治理模式的轉變及磨合，產生若干重大法案、預算及政策的爭議及亂象。政治、社會因素對政府財政造成重大影響，致使解決財政赤字的方式及工具較以往更形複雜而艱難。

在全球政府再造的風潮中，為激勵政府機關追求施政績效所進行之預算改革措施，一方面強調授權與彈性運用財政資源，一方面必須建立監督及考核機制，避免公部門出現「代理問題」而造成浪費公帑的情形；此外，政府資源取之於民，向社會大眾公開財政政策目的、財務與預測等資訊，乃政府良善治理之基本條件（徐仁輝，2011：152）。在1995年墨西哥金融危機[1]及1997年亞洲金融風暴[2]之後，國際組織開始重視及推動財

---

[1] 1994年12月至1995年3月，墨西哥發生了匯率狂跌、股票價格暴落的金融危機。在三天之內，墨西哥貨幣比索兌換美元的匯價暴跌了42.17%，出現現代金融史上極為罕見的情況。墨西哥金融危機直接對拉丁美洲國家的股市造成重大的衝擊，同時也間接對歐美股市產生重大而深遠的影響。

[2] 1997年7月，泰國貨幣泰銖大幅貶值，造成金融市場動盪，進而波及其他亞洲國家，包括馬來西亞、新加坡、日本及韓國等國，引發亞洲經濟大國進入經濟蕭條，也造成部分國家的政局動亂。

政透明之規範及方針[3]，主要理由是一般大眾相信造成金融危機的理由之一，是國家財政透明度不足所致。政策目標與財政資源的結合乃公共預算的特質之一，無論基於政府再造風潮之改革需求或良善治理之理念影響，加強財政透明在近十多年來，受到全球各國及國際組織之關注，成為重要的財政價值（Jarmuzek, 2006: 1）。

追溯財政透明概念之起源，主要係1990年代隨著全球化浪潮，舉凡銀行、審計、會計標準、財政政策，乃至於環境保護、毒品管制、貪腐控制、發展協助及私人企業經營環境和勞動規範等不同議題，出現要求更高透明度的呼聲（Florini, 1999: 1）。如前所述，各界對金融危機的檢討歸咎於缺乏透明度，企業與銀行之間彼此相互保障其真實價值，特別是在內部績效不佳時，為避免造成連鎖反應，採取掩蓋事實的手段；一旦問題嚴重到掩蓋不住，便爆發金融危機（Vishwanath & Kaufmann, 1999: 2）。為防止惡性循環不斷產生，金融界呼籲提高財政透明度，將財政透明視為各國政府是否提供「良善治理」（good governance）的重要標竿之一（蘇彩足，2008：6）。

然而，無論來自金融危機的啟示或是公民社會要求政府提供「良善治理」的呼聲，隨著全球治理時代來臨，公部門不僅無力單獨負荷社會所有需求（江明修、鄭勝分，2003；Agranoff & McGuire, 2003），更重要的是官僚弊病使民眾對政府失去信心；同時隨著社會部門的崛起，蓬勃發展的民間組織，致力於推動私人企業不願介入，而政府又力有未逮的公共事務經營缺口，造就第三部門──社會經濟（social economy）的發展，因而突顯公民參與的重要性。公民參與的意義在於培養一般民眾的公共資格意識，主張公民對公共事務擁有主動參與的權利，對公共事務進行廣泛

---

[3] 國際貨幣基金（IMF）在1998年首度公布「財政透明準則」（Fiscal Transparency Code）與「健全財政透明度施行守則：原則之宣示」（Code of Good Practices on Fiscal Transparency: Declaration on Principles），1999年經濟合作暨發展組織（OECD）繼之發布「預算透明之最佳實務」（Best Practices For Budget Transparency）。

而深入的參與，培養社群意識從而建立起公民社會的遠景。在公民參與的理念下，公民對於攸關其福祉的公共事務自然會形成各類要求，並主動要求參與公共事務的機會與管道。特別是近年來政府面臨財政壓力，愈來愈多政策執行轉向尋求公民志願行動，與民間建立夥伴關係（江明修、曾冠球，2009：4-5），進行所謂「政府再造」的工程，在既有資源之下有效降低公共服務成本，提升服務績效。

隨著公民團體益發成長及成熟，臺灣第三部門在公共服務領域的公民參與廣度及深度，都有日益增加之趨勢。舉凡慈善、社會福利、教育文化、環境保護等範疇，公民的參與不僅讓公共服務符合民眾的需求，更落實「用對的方法做對的事」的績效概念。然而，政府預算過程一般被認為是菁英決策過程，涉及資源配置方式、專業性偏高且籌編時間有限，過去鮮少採用公共參與的方式進行。2014年臺灣九合一選舉之時，地方提出採行「參與式預算」的構想，引發民眾思考公民參與預算過程的可行性討論。財政透明是公民參與預算過程的基本條件，在資訊透明充分的情況，才可能出現與公民參與及課責相關的進一步行動（Harrison & Sayogo, 2013: 236）。本文研究目的旨於由財政透明角度探討臺灣預算過程中公民參與的現況及基本條件，透過國際財政透明規範的指標資料，瞭解財政透明與公民參與之關係。基於上述研究宗旨進行下列兩項研究問題之探索：臺灣近年來財政透明及公民參與預算活動的程度如何？財政透明度高是否能提升公民參與度呢？

貳、財政透明的概念

事實上，財政透明是存在已久的概念。早在西元前350年，亞里斯多德（Aristotle）便提出「……防止財產被詐取，要讓所有金錢都公開在城邦之前，所有帳戶的複本都存在不同城鎮中……」的概念（Shah, 2007: 234）。公共預算成為獨立研究領域之後，財政透明更是一項預算

重要原則，學者Sundelson指出：「除非讓公眾都能針對預算的內容自由而毫無限制地發表看法，否則預算便不是預算。」（Sundelson, 1935: 260; Renzio & Masud, 2011: 608）近代財政透明概念受到普遍關注，係受到1990年代中期兩項當代思潮的影響，一為強調財政紀律的新自由主義（Neoliberalism）抬頭；另一為提升良善治理的改革運動興起。

　　1980年代新自由主義抬頭，政府逐漸失去經濟決策者的權威，為了減少財政赤字而受制於各種不同類型維持市場紀律模式之角色，包括信貸評級機構（credit-rating agencies）及市場分析師。前者的設立及運作，直接衝擊政府融資財政赤字的成本；而後者在市場的角色將影響市場投資的資本流動情況。這種制度上的轉變在不同開發程度國家中，同時引發對財政透明的需求。此外，1990年代晚期，針對開發中國家的社會及貧窮問題，學界呼籲推動法案協助開發中國家進行制度改革及「良善治理」，以改善貧窮及其他社會問題。於是，財政透明法案被視為開發中國家追求發展資源而進行良善治理議題的一部分，也是全球追求發展財政改革系絡之中，政府轉向良善治理的一部分（Philipps & Stewart, 2009: 807-808；蘇彩足，2008：6）。

　　財政透明是一種「將政府結構及職能、財政政策的目的、公部門的財務及方案盡可能公開給社會大眾，包括政府活動的可信性、完整性、可理解性、時效性及國際比較性等的積極作為」（Kopits & Craig, 1998: 1）。透過財政透明度的提升，公開各項預算資訊與報告，強調資源配置的公平性及效率性，建立健全的財政管理與預算決策模式，以減少財政幻覺以及政治人物與選民之間資訊不對稱的情況，改善行政課責及政治競爭（Sedmihradská & Hass, 2012: 1；徐仁輝，2011：153；Bastida & Benito, 2007）。基本上，預算透明本身已不只是目的而已，近年來許多研究指出預算透明是提升經濟及政府治理的重要手段，實證研究也發現財政透明的政府有助於提升財政績效，降低償債成本，同時減少貪腐的情況（Alt & Lassen, 2006; Bellver & Kaufmann, 2005; Glennerster & Shin, 2008; Hammeed, 2005; Islam, 2003; Reinikka & Svensson, 2004; Renzio &

Masud, 2011: 608）。

　　事實上，各國推動財政透明是企圖營造雙贏的效果。對政府而言，透過提供可靠的施政資訊，不僅有助於提高經濟決策水準、改善政府進入國際資本市場的條件，還可提前因應財政之可能風險，減輕危機的風險及傷害程度；對公民而言，財政透明可促進公共利益，公開獲取必要資訊，敦促政府在公共決策上恪守職責（IMF, 2007），不僅是重要的課責工具，亦促成公民參與的實踐。因此，若干國際組織鑑於維持全球金融穩定之目標，陸續制定及推動財政透明之方針及規範，國際貨幣基金（IMF）在1998年首度公布「財政透明準則」（Fiscal Transparency Code）與「健全財政透明施行守則：原則之宣示」（Code of Good Practices on Fiscal Transparency: Declaration on Principles），並於2001年及2007年進行修正。追隨IMF的腳步，1999年經濟合作暨發展組織（OECD）繼之發布「預算透明之最佳實務」（Best Practices For Budget Transparency）。國際組織相繼提出財政透明規範，無非希望藉由提供詳盡之指南，協助世界各國財政透明實務之推動。換言之，上述財政透明規範提供各國財政透明程度評量的架構，透過這些國際規範，各國政府可檢視財政透明的程度。

　　IMF及OECD所提供的財政透明規範架構雖有助於各國推動「財政透明」，對於實際推動卻只具消極性效果，不具促動力或強制力。一直積極致力於推動預算透明的非政府組織「國際預算夥伴」（International Budget Partnership, IBP），是一股來自民間的動力，在其例行性的調查報告《預算公開調查》（Open Budget Survey）中批評IMF對財政透明的規範「無法確保預算過程具有『回應性』及『對民眾課責』」（IBP, 2008）。IBP發布的報告中還指出：「開發中國家在普遍貧窮的社會系絡之中，民眾及公民社會組織日益聚焦於政府預算，並致力於瞭解資源配置的方式，此種想法引導他們需要更多更好的預算資訊。」（Fölscher, Krafchik & Shapiro, 2000）相對於IMF及OECD等國際組織強調財政紀律及可信性的解釋，第三部門對於財政透明的需求，顯示財政透明具有更廣泛的意涵及目標（Philipps & Stewart, 2009: 816）。

　　第三部門對財政透明的倡議，目的在於使用透明規範來評估國家財政實務問題，並能創造改革壓力，爲財政透明規範加入社會正義的視角。雖然此類與社會分配正義相關之問題，涉及不同程度的政治發展及社會狀況，仍存在爭議，但卻爲推動財政透明注入一股社會改革動力，不僅呼應財政課責的正當性，亦加速國家財政透明的推動及提升公民對於預算過程及內容的參與、瞭解及興趣。

參、政府財政之公民參與

　　檢視第三部門的發展演進，「透明」概念的推動已具有一段歷史，特別是與防治政府貪腐有關之工具。早期探討公民參與財政活動之文獻，多爲公民社會組織的個案研究，這些公民組織藉由推動預算資訊的可用性來督促政府爲其施政負責任，並影響公共政策之決策。學者Goetz & Jenkins（2001）指出印度有個名爲「Mazdoor Kisan Shakti Sangathan」（MKSS）[4]的公民組織，以官僚所提供的官方支出記錄來監督地方政府的施政績效，揭發不其計數的管理不當及貪腐個案。MKSS透過共同審計的方式，成功地推動揭露調查貪腐案件的法令程序規定。另一公民參與的例子是墨西哥的公民社會組織「Fundar」[5]，使用取得資訊之立法方式，獲得婦女健康政策之經費配置資料，發現政府公然濫用經費，並發動政府審計人員採取必要之行動（Goetz & Jenkins, 2001; Robinson & Vyasulu, 2008; Renzio & Masud, 2011: 608）。

　　在推動財政透明度的運動中，第三部門擔任重要而獨立的角色，他們針對政府預算透明進行的調查指標及結果，一方面補足其他國際組織

---

[4] MKSS之官方網址：http://www.mkssindia.org/。
[5] Fundar創立於1999年1月，其創設的目標爲強化公民參與公共決策並深化民主。爲達此目標，Fundar致力於預算及政策分析，針對墨西哥預算過程持續發展及執行倡議策略。官方網址爲：http://www.fundar.org.mx/。

的不足，一方面強調社會分配正義及民主參與。公民組織推動財政透明之積極作爲，除了作爲防治貪腐的工具外，基於監督理由獨立設計出兼具社會正義及公民參與之財政透明規範。此可由IBP在2001-2002年進行拉丁美洲預算透明調查時，嘗試將財政透明與社會公平進行連結（IBP, 2002），及南非的民主非政府公益組織「IDASA」[6]等獨立的監督組織（watchdogs）所建構之財政透明規範，被整合納入IMF財政透明規範中，可窺見第三部門對於提升公平性及對官僚體系的民主監督及廉潔工作上的重要性。

因爲公共資源來自於民間，意謂著政府資產係公眾所共同擁有，公民有權利及正當性要求預算透明、參與及課責。超過100個公民社會組織，代表著56個國家，共同簽署預算透明、課責及參與的「the Dar es Salaam」宣言，此宣言主張：「政府預算必須是透明的，意謂所有與公共資源的取得、配置及支出有關的資訊都應該以可取得、及時及完整的方式提供給公眾。」公開資訊的取得是民主國家中公民所具有的基本權利，政府必須對施政提供充分而完整之資訊，公民才得以評估政策及領導者決策的可行性，在眾多不同選項中找出自己的偏好，並經由選票或其他擁有影響力的方式來參與決策過程。因此，民主政府的正當性（合法性）係來自於民意代表及政府行政人員執行人民意志的認知及信任，而這種信任則是建立在資訊、透明、課責及公共參與這些複雜的關係之中（Harrison & Sayogo, 2013: 235-236）。學者Sirianni強調公民參與所孕育的內在利益，認爲公民參與可培養公平而充分討論的能力，增加有效決策的可能性，因爲民眾能對決策過程提供「不那樣做就達不到目標」的有用觀點。最後經由公共參與過程產生之行政及決策，既能反應公共利益，也合乎正當性（Harrison & Sayogo, 2013: 237; Kweit & Kweit, 1981; Sirianni, 2009）。

---

[6] IDASA成立於1986年，成立初始目的在於探索及處理南非黑白種族兩極化的新模式，1994年之後，IDASA的工作重心移轉到南非民主文化的創立，持續推動提升基於公民參與、民主制度及社會正義的民主。官方網址爲：http://www.idasa.org.za/。

　　二十世紀末西方諸多學者積極倡議在公共行政決策過程中必須加入公眾參與（Box, 1998; Denhardt & Denhardt, 2007: Ebdon & Franklin, 2006: Stivers, 1990），政府預算過程是進行公共資源配置的重要決策過程，而「參與式預算」（participatory budgeting）即為公民參與概念體現於政府資源配置過程的重要模式（Bingham, Nabatchi & O'Leary, 2005）。參與式預算是將公眾參與導入資源配置過程的一種理想設計，是一種達成民主價值的方式（Rossmann & Shanahan, 2012）。雖然此項理想設計在遭遇公共預算實際運作過程時，或因公眾太晚參與，或參與只限形式，抑或是不同的民主價值相互衝突，以及預算決策涉及太多專業層面，造成實踐上困難重重（Beckett & King, 2002; Rossmann & Shanahan, 2012: 56; Stone, 2002; Yang & Callahan, 2007），但基於民主實踐之價值，及資訊科技之進步及發展，未來其發展之可能性及預期性仍持續受到學界關心。

　　若干第三部門的行動者在國際層級致力於推動財政透明，而其中最具有代表性的首推位居美國華府的「預算及政策優先中心」（Centre on Budget and Policy Priorities, CBPP）所設立的「國際預算夥伴」（International Budget Partnership, IBP）。CBPP是美國的非營利智庫，該智庫所關注的議題聚焦於美國聯邦及州層級所有影響到中低收入家庭及個人的公共政策及方案，包括聯邦政府預算及租稅政策、州政府預算及租稅政策、衛生及保險改革措施、社會安全及退休金政策、食物券及兒童營養方案、低收入戶補貼方案等公共財政議題。CBPP在1997年設立次級組織「國際預算夥伴」（IBP），設立之宗旨在於幫助新興民主國家及開發中國家的非政府組織執行預算分析，促使政府預算系統更加透明及具回應性。IBP自2006年開始以兩年為週期，定期評量及公布「預算公開指數」（Open Budget Index, OBI），揭露各國向公民公開預算書及其過程的程度，調查並公布不同國家採行財政透明實務的情況。

　　IBP公開徵求全球100多個國家的公民社會夥伴參與蒐集調查資料，進行一項廣博理性的分析及調查，評估各國政府是否提供大眾能取得預算資訊的管道及有機會參與預算過程。2006年首度公開調查結果，往後每

兩年定期公布一次。爲了能更容易測量出各國對財政透明的整體承諾，IBP將調查結果彙整成爲單一指標——「預算公開指數」，分數介於0到100分之間，愈高代表預算公開的程度愈高，亦即財政透明的程度愈高。截至2012年，IBP已歷經四輪（2006、2008、2010及2012）調查，2012年調查100個國家，涵蓋的人口數約爲61億人，占全球人口的89%，其中未包括臺灣地區；本文嘗試依循此調查架構、步驟及方法，評量臺灣的預算公開指數，並與2012年之調查資料進行跨國比較。

肆、研究設計及方法

基於跨國比較之研究需要，本文採用衡量政府預算公開程度之指標工具及後續跨國比較之資料均來自於IBP「預算公開調查」（The Open Budget Survey, OBS）之問卷題項及調查結果。OBS是一項跨國協同研究調查，IBP與全球各國之公民社會夥伴（學術機構或公民組織）共同合作，每兩年進行一次，由2006年開始業已進行過四輪調查（2006、2008、2010及2012），參與國家數不斷增加，截至2012年爲止累積已有100個國家參與預算公開之調查。OBS針對各國應該在預算過程中不同時間點公布的主要預算文件進行評量，評量的題項爲一般公共財務管理可接受之健全實務標準，而這些標準的訂定參考許多國際組織之不同規範，包括IMF訂定的「健全財政透明實務準則」、 OECD的「財政透明最佳準則」以及最高審計國際組織（INTOSAI）公布的LIMA審計方針宣言等。本文係採用2012年的調查問卷，作爲評量臺灣財政透明之工具。

IBP在2012年更新OBS問卷內容，調查內容包括五大部分（IBP, 2012）：第一、二部分爲政府主要預算文件之描述及列示，調查預算案及其他輔助文件的公開取得性及內容理解度，內容特別強調法定預算中政府在未來一年所有必須運用公共資料的計畫及順序，以及預算爭議的重要議題。第三部分則評估整體預算過程中所有重要預算報告的可及性及內容

可理解度。第四部分乃衡量立法機關及獨立審計機構的監督力度，包括是否有建構研究幕僚單位？是否有能力提供預算事項的分析及方針給立法機關？審議之前是否有舉行預算討論？經費流用的程序不只是在行政單位之間，也包括個別項目之間等等問題。最後，第五部分問卷內容主要則調查預算過程中公民參與程度，例如立法聽證會、公民參與行政、立法或審計過程的法規、機制及回饋等。除此之外，第五部分也包含了「公民預算」（Citizens Budgets）的調查。OBS問卷之內容架構如圖5-1所示。

　　OBS問卷中包含125個題項，由各國熟悉公共預算領域之獨立學術研究個人或研究團體進行填答，雖然各國填答問卷的個人或團體有不同的研究旨趣，但其共同利益均為提升國家預算實務的透明度及回應性。問卷設計之題項中分別有五個選項及三個選項兩種，前者回答(a)(b)代表實務上符合標準、(c)為符合最起碼的要求、(d)為有標準但不符合，而(e)是指國內完全沒有採用此種標準；後者回答(a)表示符合標準、(b)代表不符合標準，而(c)則表示沒有此標準。

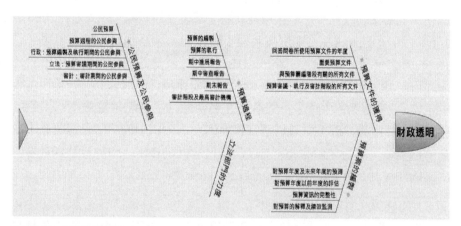

資料來源：國際預算夥伴（IBP）。

圖5-1　「預算公開調查」之架構

　　IBP進行OBS的調查過程是嚴謹的，以2012年之調查為例，研究者必須在2011年8月開始蒐集資料，並於2011年12月之前完成其國家的問題填答。因此，2012年之預算公開調查係以發生於2011年底之前的所有預算事件、預算活動為依據。所有的調查題項都必須依據實際預算文件內容填答並附上出處，包括文件、法規、與政府官員、立法委員或專家之訪談等。在研究過程中，IBP將提供各國調查者有關調查的方法及方針等資料。完成問卷的填答之後，IBP的幕僚人員約利用三至六個月與個別研究者分析及討論每一份問卷，以確保所有問題都具備內部效度。同時也會參考國際組織（IMF、World Bank以及OECD）發行的財政透明報告及預算文件交叉檢查所有題項之答案。

　　完成問卷填答之後，後續還須經過許多審查步驟及回應。首先，完成之問卷將被送至相關國家中熟悉該國預算作業過程的兩位同儕進行匿名審查，並多方確認匿名審查者不能與欲審查國家之政府有任何關係。同儕審查之後，IBP幕僚人員將複審其評論意見，確保符合研究方法之流程。任何不符合流程之評論意見將被去除，並將保留下來之評論意見交給調查者，並請調查者回應。同時，IBP也會邀請各國政府官員為該國調查結果之草案進行評論，但並非所有國家政府都會回覆IBP的信件或給予評論，例如，2012年之調查過程中，IBP邀請了95個國家政府，僅有41個國家為其調查結果給予評論意見。OBS之調查過程及步驟如圖5-2所示。本文依其研究架構及題項，蒐集國內法規、預算程式等資訊，經由國內研究公共預算學者獨立填答問卷，並完成兩位同儕審查及政府審查之步驟。

　　「預算公開指數」乃一評量預算透明之綜合分數，係將預算公開調查中95個題項之結果轉化為分數（如表5-1之標準），再將分數求取簡單平均值，成為一介於0到100分之間的綜合分數，分數愈高代表公開透明的程度愈高。

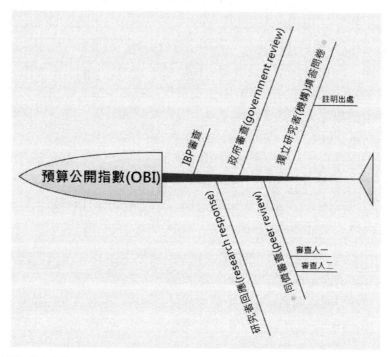

資料來源：作者自繪。

圖5-2　預算公開調查之過程及步驟

表5-1　問卷題項轉化分數之標準

五選項		三選項	
選項	分數	選項	分數
a	100	a	100
b	67	b	0
c	33	c	不列入計分
d	0		
e	不列入計分		

資料來源：IBP官網，http://internationalbudget.org/what-we-do/open-budget-survey/research-resources/methodology/，2013/8/27。

伍、臺灣預算公開指數（OBI）之評量及跨國比較

　　2008年IBP調查80個國家之預算公開指數，其中有八成國家並未提供足夠的資料給公眾，只有五成的國家提供最低限度的資訊，而隱藏未揭露的資料中可能包括不受歡迎的方案、浪費公帑或者貪腐支出（Philipps & Stewart, 2009: 816）。2012年OBI的調查報告中指出，在接受調查的100個國家中，有77個國家沒有符合預算透明的基本標準；100個國家中的平均分數大約只有43分；有21個國家政府甚至沒有公布「政府預算案」。一般而言，多數國家之公民或社會普遍沒有足夠機會參與預算過程，參與預算過程機會的平均分數只有19分。報告中，IBP執行長Warren Krafchik指稱：「缺乏資訊或公民參與機會，意味著公民不但無法瞭解政府預算，也無法對政府課責。」同時，英國「國際發展秘書處」（UK International Development Secretary）幕僚人員Justin Greening也認為：「透明是對抗貪腐、浪費及治理不善最有力的武器，它提供人民要求政治人物課責及變革的基礎。因此，IBP的調查報告可突顯某些國家成功之範例，也證實許多國家政府預算透明的工作是推動不力的」（IBP, 2012）。

　　依據OBS的調查指標衡量臺灣預算公開及公民參與之結果如表5-2，茲分析如下：

表5-2　臺灣財政透明與公民參與相關之指數

內容	題項數	分數	符合標準（%）	符合最起碼的要求（%）	有標準但不符合（%）	沒有標準（%）
預算公開指數	95	74	81	9	10	0
預算案的編製	58	78	86	7	7	0
預算的外部監督	27	64	59	30	7	4
公民參與	12	36	25	50	25	0
公民預算	4	33	0	100	0	0

資料來源：作者自行計算。

　　2012年臺灣綜合的公開預算指數為74分，在95個題項之中，基本上符合最起碼要求以上者已高達90%，絕大部分在預算過程中要求公開之標準，臺灣均已具備。參考IBP公布2012年的全球排名，臺灣的OBI分數在接受調查的100個國家之中，應與俄羅斯（Russia）、斯洛維尼亞（Slovenia）並列第10名（詳如圖5-3），預算公開程度應已符合理想的公民參與資訊要求之水準。在東亞及泛太平洋區域的國家之中，臺灣預算公開的程度則僅次於紐西蘭（93分）及南韓（75分），排列第三，相對於臨近的印尼（62分）、菲律賓（48分）、馬來西亞（39分）、泰國（36分）、乃至於中國大陸（11分），在區域中，臺灣公眾能獲得預算資訊的公開透明程度是很高的（圖5-4）。

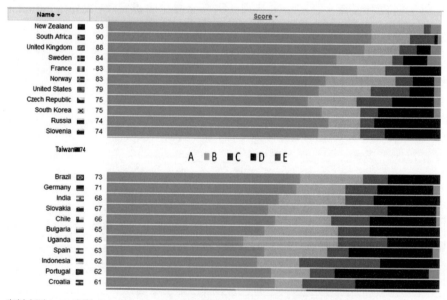

資料來源：IBP官網（http://survey.internationalbudget.org/#rankings）及作者計算。

圖5-3　臺灣預算公開指數的全球排名

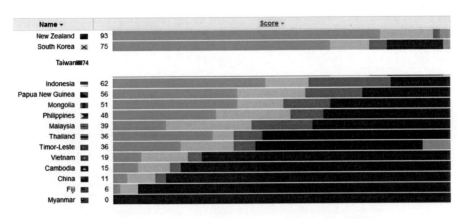

資料來源：IBP官網（http://survey.internationalbudget.org/#rankings）及作者計算。

圖5-4　臺灣預算公開指數在東亞及泛太平洋區域的排名

　　接下來，分別針對問卷中所設計的預算過程、外部監督及公民參與程度等面向依序進行分析比較。首先，就行政機關預算過程中最核心的年度預算編製過程，資訊公開性、可及性及完整性而言，在衡量年度預算案編製過程的58個題項中，臺灣的調查結果符合最起碼要求以上的比例為93%，平均分數為78，在全球100個接受調查的國家之中，應與巴西並列第13位（詳見圖5-5）。由圖5-5得知，在政府編製預算的階段，全球資訊公開程度最高的區域為西歐及美國，在東亞及泛太平洋區域中，臺灣仍位居第三，資訊公開程度僅次於紐西蘭（93分）及南韓（83分），此區域國家之中，政府編製預算階段之資訊透明程度的差異性頗大，有部分國家的資訊是非常封閉的，包括柬埔寨（5分）、越南（4分）、斐濟（3分）、中國大陸（0分）、緬甸（0分）（圖5-6）。

　　其次，問卷中調查外部監督的27個題組之中，臺灣符合最起碼要求以上的比例為89%，平均分數為64，在全球100個接受調查的國家之中排名第10位（詳見圖5-7）。排名甚至領先英國（59分）、德國（58分）等國。在東亞及泛太平洋區域的排名則仍為第三，僅次於南韓（83分）及紐西蘭（66分）。在外部監督的設計上，南韓不僅為區域第一，也是全

球排名第一，區域中最差的國家依序是斐濟（6分）、緬甸（9分）、中國大陸（15分）、柬埔寨（25分）等國（圖5-8）。

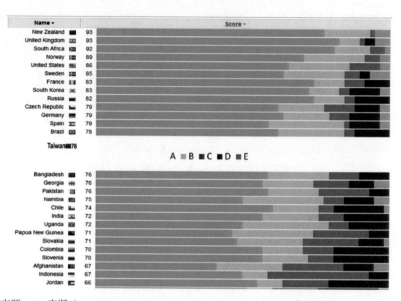

資料來源：IBP官網（http://survey.internationalbudget.org/#rankings）及作者計算。

圖5-5　臺灣預算案編製過程資訊公開的全球排名

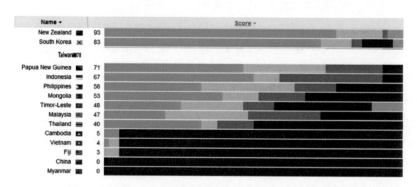

資料來源：IBP官網（http://survey.internationalbudget.org/#rankings）及作者計算。

圖5-6　臺灣預算案編製過程資訊公開的區域排名

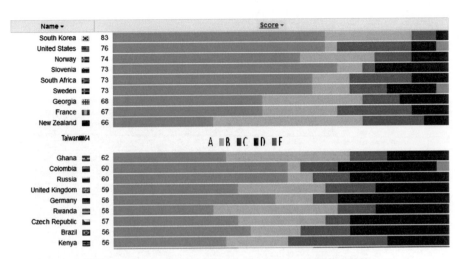

資料來源：IBP官網（http://survey.internationalbudget.org/#rankings）及作者計算。

圖5-7　臺灣預算過程外部監督的全球排名

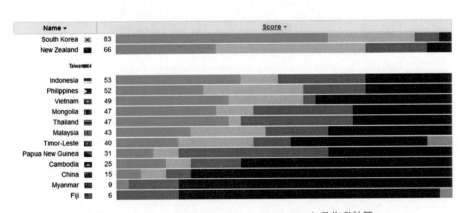

資料來源：IBP官網（http://survey.internationalbudget.org/#rankings）及作者計算。

圖5-8　臺灣預算過程外部監督的區域排名

　　第三，在針對預算過程的公民參與程度的12個調查題組中，臺灣有75%的題項符合基本要求以上，而有標準卻無法符合的比例高達25%，平均分數為36分，明顯較前兩題組為差。而臺灣這個項目表現在全球100個

國家的排名與南美的巴西、南歐的克羅埃西亞以及西非的迦納並列第15名，表示臺灣在預算過程中公民參與程度確有進步的空間（圖5-9）。

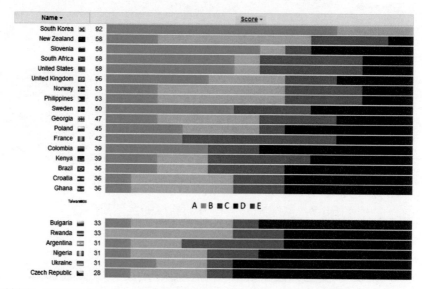

資料來源：IBP官網（http://survey.internationalbudget.org/#rankings）及作者計算。

圖5-9　臺灣預算過程公民參與的全球排名

　　同時，在東亞及泛太平洋區域之中，南韓及紐西蘭兩國公民參與的程度高居全球之冠，相較之下臺灣在預算過程中公民參與之情況，與預算資訊公開的程度相比是較差的，在區域的排名下降為第四，次於南韓（92分）、紐西蘭（58分）及菲律賓（53分）之後，而且平均分數與前一名菲律賓的53分差距頗大（圖5-10）。顯然近十年來，臺灣公民社會的發展雖然非常快速，公民社群組織關心社會不同領域之公共政策，包括環境保護、教育文化、社會福利及社區發展等，但公民團體對於政府整體之資源配置及財政收支的關注及參與的程度仍不足。美國早於1932年民間便成立「公民預算委員會」（Citizens Budget Commission, CBS）的非營利組織，成立宗旨在於分析城市的財政情況，評估地方政府之管理效能，向

會員公布研究報告並提供地方官員改善建議，1984年擴及聯邦政府。隨
著全球各國中央及地方政府財政資源匱乏的問題日益嚴重，資源配置之過
程、方式及結果逐漸成為民眾關心的課題。與其他公共議題相較，公共預
算過程的公民參與仍存在另一項民眾較難克服的難關——專業性，也是不
爭的事實。

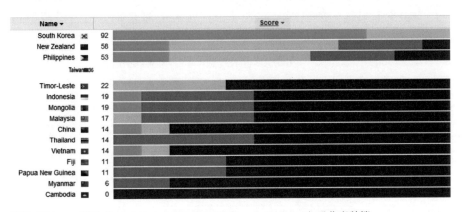

資料來源：IBP官網（http://survey.internationalbudget.org/#rankings）及作者計算。

圖5-10　臺灣預算過程公民參與的區域排名

　　由於國家收支規劃、資源配置的專業性及複雜度高，往往成為公民參
與的無形門檻，民眾對於複雜的年度預算資料沒有足夠能力瞭解公共財政
的專業用語及解讀相關資訊。因此，設法讓公民瞭解政府預算內容成為一
件重要工作。而「公民預算」即是透過淺顯易懂的語言、圖表，解讀及說
明國家財政狀況及資源配置情況的想法，一方面讓社會大眾瞭解來自於人
民的租稅來源如何被規劃、執行及運用，另一方面也消除民眾由於專業性
過高而無法參與預算過程的困難。

　　「公民預算」可說是一種「簡化的力量」（the power of making
it simple）（IBP, 2012），讓民眾不僅取得預算資訊，更能輕鬆瞭解
預算的內容。IMF在2007年的《財政透明手冊》（Manual on Fiscal
Transparency）中闡釋：「政府應該在每年編製預算時，廣泛地發送清

晰且簡單的預算摘要給民眾」；OECD也在2010年發行的《預算期刊》
（Journal on Budgeting）中提供編製公民預算的詳盡方針給會員國參考。
公民預算也是一種鼓勵民眾主動參與政府事務的工具，倘若公民預算所提
供的內容既合適、容易瞭解，又定期公布，它就會成為一種協助公民與政
府之間對話的有價值工具。

　　IBP多年來致力於發展及推動「公民預算」概念，提出公民預算的
主要內容、過程等具體的指導方針，希望各國政府能簡化複雜的預算資
訊，讓公民瞭解政府是「如何」使用公帑，消除無形的專業門檻，協助
民眾更容易參與公共事務。近年來已有若干國家政府在國內推動類似工
作，這些推動公民預算的先驅，已累積數年的經驗，諸如：紐西蘭（New
Zealand）、南非（South Africa）、南亞的印度（India）及中美洲的薩爾
瓦多（El Salvador）等國，在2012年公布的OBS之中，這些國家在公民預
算的製作及公布的平均分數及排名的確領先許多國家。

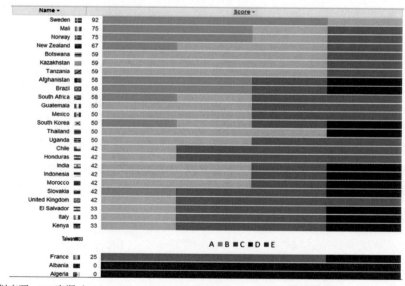

資料來源：IBP官網（http://survey.internationalbudget.org/#rankings）及作者計算。

圖5-11　臺灣公民預算製作及公布的全球排名

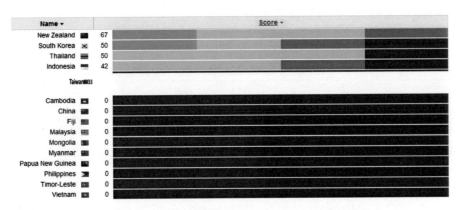

資料來源：IBP官網（http://survey.internationalbudget.org/#rankings）及作者計算。

圖5-12　臺灣公民預算製作及公布的區域排名

　　如前所述，臺灣在發展公民預算及公民組織參與預算過程雖處於起步階段，與同區域的其他國家相較，由於資訊公開的平台及認知已日趨完備，仍優於許多國家，雖尚未達到符合標準，至少符合最起碼的要求，在平均分數上得到33分，在2012年參與IBP組織調查的100個國家之中，與薩爾瓦多、義大利及肯亞等國並列第23名，而平均分數掛零的國家高達74個，亦即有七成以上的國家民眾可能因為預算的專業性過高，而被排除於公民參與的門檻之外。參與調查的東亞及泛太平洋區域之14個國家（不包括臺灣），僅有4個國家政府開始重視公民的參與權利，將複雜而專業的預算資訊，轉換成為明瞭易懂之可用資訊，使公民有足夠能力參與預算過程的公開討論，提供給政府有助於資源配置的可用資訊。

　　正如IBP報告所述，一旦公民缺乏資訊或參與機會，即意味著公民不但無法瞭解政府預算，也無法對政府課責。因此，財政透明是對抗貪腐、浪費及治理不善最有力的武器，也是提供民眾要求政治人物課責及變革的重要基礎。此種論述以2012年OBS的資料進行分析也得到驗證，將公民參與和預算公開指數進行迴歸分析（表5-3），發現預算公開的程度與公民參與在5%的顯著水準之下，有非常顯著的因果關係，亦即預算公開程

度愈高，會提升公民參與財政活動的程度。

表5-3　公民參與和預算公開指數之迴歸分析結果

變數	係數	標準差	P值
截距項	-0.2170	2.6128	0.934
預算公開指數	0.4621	0.0533	9.28e-14***

資料來源：IBP 2012年公開預算調查（OBS）。

　　綜言之，以IBP所提供調查全球各國預算公開程度的指標來衡量臺灣的預算公開及公民參與程度，發現與全球不同區域國家相比，臺灣中央政府預算資訊公開的程度勝過九成的受調查國家，表現不錯（見表5-4），政府於2005年底通過公布「資訊公開法」後，顯見成效；外部監督機制也可謂完備，唯有公民預算及公民參與的部分尚待加強。所幸近年來由於中央及地方財政的困境，資源配置成為關注焦點，有民間團體關注地方政府預算的編製、執行並進行積極的公民監督，如：臺灣青年公民論壇協會[7]、高雄市公民監督公僕聯盟[8] 等，這些公民團體積極參與關心及討論政府預算之編製及執行是個很好的開始。然而，目前臺灣民間參與公共預算過程的核心問題，仍在於公眾對於公共預算資訊的閱讀及理解能力。因此，跨越專業鴻溝，推動公民預算，定期提供民眾淺顯易懂之財務資訊，是公民參與國家財政未來應努力的重要方向。在跨越這道鴻溝之後，公民才能真正發揮與實踐參與公共預算配置之功能，政府也才能藉由公民參與建立起與民間理性對話的平台，吸納來自公民的意見與討論，在公共資源匱乏的年代之中，杜絕浪費及貪腐的可能，將資源做最有效的運用。

---

[7] 官方網址：http://tycf.wordpress.com/。
[8] 官方網址：http://www.kcscw.org/。

表5-4 臺灣在2012年預算公開調查之排名

內容	平均分數	全球排名	區域排名
預算公開指數	74	10/100	3/15
預算案的編製	78	13/100	3/15
預算的外部監督	64	10/100	3/15
公民參與	36	15/100	4/15
公民預算	33	23/100	5/15

資料來源：作者自行計算。

　　依循OBS的過程及步驟，本文發現臺灣預算公開的程度及預算案編製過程中的資訊揭露情況，在全球100個國家之中排名分別居於第10名及第13名，顯示出臺灣推動資訊公開的情況相較於西方國家毫不遜色；預算外部監督的機制，調查的結果全球排名亦高居第10名，堪稱完善。公民參與和公民預算的調查結果全球排名分別為第15名及第23名，倘由當今臺灣民間組織對議題關注偏好之主觀條件及預算資訊複雜且專業的客觀條件兩者觀之，得到如此結果並不意外。因此，公民組織必須強化財政資訊充分揭露及滿足公民參與的條件下，推動公民預算，跨越專業鴻溝，倡議政府定期提供民眾淺顯易懂的財務資訊，如此才有辦法瞭解政府預算，透過公民參與的方式建立起理性對話平台，也才能對政府課責，並作為對抗貪腐、浪費及治理不善的武器。

壹、公共課責與審計功能

　　審計部於2013年總決算審核報告中引用洛桑國際管理學院發布的競爭力年報，及國內臺灣公共治理研究中心所公布之公共治理指標調查結果，指出臺灣政府效能排名自2010年度起一路由第6名下滑至第12名，呈現退步情況；有關政府效能面向的評分亦逐年下滑，這些數據顯示政府效能仍然有待研謀精進（審計部，2013）。惟行政院在2013年決算報告中指出，政府訂定733項整體績效衡量指標，其中有520項被評定為「績效良好」，比例超過70%，創下2009年以來的新高。無論政府對施政成果的反應是捫心自問：「績效卓著的施政，到底哪裡做錯？」或者僅是純然的「自我感覺良好」，這種政府與社會認知矛盾的現象，顯示內部課責的若干環節可能失靈。而若要重拾人民對於政府施政績效的信任，是否可以借助外部課責的力量？而外在監督對行政體系確實能夠發揮影響力嗎？簡言之，亦即公共課責真的能夠提升行政績效嗎？

　　公共課責係指「具有公共職責的人應該能向人民報告職責上的績效表現，並據以負責」。其目標除了消極的「避免公權力受到濫用、腐化、誤用」、「記取教訓避免錯誤重蹈覆轍」及「在複雜的政策網絡中釐清錯誤」之外，更有「確保公共資源依其公共目的使用，堅持公共服務價值」、「改善公共政策效率及效能」、「增強政府的正當性以及提升對於政治人物與政治制度的公眾信任」及「提供可達成具改善效果的社會功能」等積極目標（Flinders, 2008）。上述概念及目標除透過組織內部課

責來達成外，亦可藉由外部課責機制來具體落實，諸如選舉、立法監督、司法審查、資訊公開及透明化等（Dowdle, 2006: 3-4；劉坤億，2009：60）。當前臺灣對於政府施政績效之外部課責機制，一方面政府機關需向議會及人民說明及報告總體績效，以盡其行政責任；同時，行政機關必須在預算年度結束後將施政結果資訊（決算）提交監察審計機關，進行績效考核之審計，以確認財政適法性及政府總體施政績效。

　　2013年國際最高審計機構組織（International Organization of Supreme Audit Institutions, INTOSAI）第二十一屆國際最高審計機關組織會員代表大會（International Congress of Supreme Audit Institutions, INCOSAI）北京宣言第二章指出，政府審計乃國家治理不可或缺之一環，審計機關應持續致力於發揮監督、洞察及前瞻功能，以成為值得人民信賴之典範機關，並有效促進良善國家治理（審計部，2015）。美國前審計長David Walker於2005年曾表示：「聯邦審計署（GAO）是一個協助提升政府運作效能且負起施政責任的組織。基於此目標，聯邦審計署協助國會監督行政機關運作，洞察提升政府效能的各種方式，並前瞻未來各種挑戰。」（Funkhouser, 2011: 212）在概念或主張上，政府審計功能至二十世紀末重新進行定位（reorientation of auditing），由強調監督功能的傳統合規性審計（compliance auditing）逐漸轉移至強調政府管理成果面向，重視洞察及前瞻功能的績效審計（performance auditing）議題（Walsh, 1996；張四明，2006：89）。績效審計之所以受到重視，來自於民眾及立法機關對政府方案及部門的經濟性、效率性及有效性進行獨立而廣泛分析之需求，是政府績效管理的重要外部課責工具。現任審計長林慶隆於2007年接任之後，體察國際及臺灣公共環境的變化，乃由法制面、管理面、查核面及課責面等四個面向導入績效審計的思維及作法，希望配合時代環境與實際業務需要，充分發揮審計功能，於2012年揭櫫審計業務八項重點努力方向[1]（林慶隆，2012：6），除了持續傳統財務審計

---

[1] 八項重點努力方向包括：一、嚴密審核財務收支，督促落實開源節流措施；二、加強考核政府施政績效，提升施政效率及品質；三、加強稽察機關採購案件，強化採

及合法性審計工作之外，更致力於強化績效審計之新思維、工作及能力。

針對前述人民與政府認知矛盾的現象，倘若政府機關施政績效得不到民眾認同，一味落入「自我感覺績效良好」的迷思之中，那麼審計機關提供之績效審計查核意見，是否能幫助行政機關指出其施政盲點？抑或如學者批判的只是「吹毛求疵」（nit-picking），針對小錯誤窮追猛打並加以懲罰，最後甚至侵蝕公眾對政府的信任呢（Behn, 2001: 202-203; Funkhouser, 2011: 210）？而且，績效審計的過程及成果，對行政機關有具體而實質的影響嗎？影響的類型或模式為何？績效審計此項外部課責工具，要使其能成為提升績效的推進器，除了績效審查實質成果之外，其後續產生的影響是重要關鍵。

貳、研究設計與方法

基於研究旨趣，本文以審計部公開之審計績效報告及績效審計專案報告為分析資料，目前公開之績效報告為2011年至2014年等四個年度，而由於2016年之績效審計專案報告陸續公開之中，因此績效審計專案報告選定之分析期間為2010年至2015年，惟受到審計部資料揭露之限制[2]，主要研究資料集中於2013年至2015年，共計有四年度之績效報告及73件績效審計專案報告文本為分析素材。

本文採用內容分析法（content analysis）進行資料蒐集及分析，內容分析是一種以蒐集並分析文本[3]內容的方式進行質化或量化分析的研究工

購監督機制；四、加強考核重大公共建設計畫執行及完工效益；五、促請政府健全財務監督制度，有效提升政府治理功能；六、加強政府審計人員在職訓練，賡續精進審計技術，提升審計工作品質；七、賡續推動審計制度的改革；八、建構審計機關策略管理與績效評估機制。

[2] 審計部網站中提供下載之績效審計報告，2010年度僅1件、2011年0件、2012年3件、2013年18件、2014年24件及2015年27件。

[3] 文本（text）係指任何文字、視覺或語言能夠當作溝通的媒介物，包括書籍、新聞或

具，此研究方法已被廣泛運用於文學、歷史學、新聞學、政治學、教育學及心理學等不同學術領域之中。本文採用量化內容分析，運用客觀及系統化的計數與記錄程序，產生對某個文本中內容的數值描述，以測量其中象徵性意義（王佳煌、潘中道、蘇文賢、江吟梓譯，2014：473）。透過編碼方式，解構並分析國內近年來審計工作之績效及其影響，並藉由績效審計專案報告內容，探討政府審計對行政機關之影響及其類型。

參、課責眞能提升行政績效嗎？

一、績效審計的意義及功能

　　INTOSAI指出政府審計包括合規性審計及績效審計兩部分，並定義「績效審計」乃針對政府施政、計畫及組織之經濟性、效率性及效能性進行超然獨立的審核，目的在於提升政府施政績效（INTOSAI, 2004: 11）；審核內涵包括政府各項施政是否符合最佳行政原則、實務及管理政策等經濟性之查核，查核人力、財務及其他資源之使用是否有效率，及比較實際與預算施政成效差異之查核等。美國課責總署（GAO）爲績效審計之範圍、內涵及目的進行類似於INTOSAI的定義如下：「針對政府組織、方案、活動或職能，透過客觀而有系統的查核檢驗，作出超然獨立的績效評估，以有效監督政府施政，以利執行單位研究對策改進。」（徐仁輝，2014：426-427）因此，本質上績效審計可視爲「貨幣價值審計」（value for money audit）、「廣博理性審計」（comprehensive audit）、「效率審計」（efficiency audit）或「運作審計」（operational audit）（Abd Manaf, 2010），係以超然獨立地位，針對政府施政提出具有公信力的監督資訊，在公部門的事後回饋系統中擔任重要角色及貢獻。

雜誌文章、廣告、演講、官方文件、電影或影片、音樂歌詞、照片、衣物、網站或是藝術作品等（王佳煌等譯，2014：473）。

基於上述對績效審計之定義，Raudla, Taro, Agu & Douglas（2015: 3-6）等四位歐洲學者認為績效審計有兩項主要功能：第一，績效審計被視為強化政府課責的機制；第二，民眾期望績效審計能對政府產生組織學習、變革進而提升行政績效的效果。前者主要強調審計機關對於政府的「控制」功能，重點在於施政的適法性及績效目標的查核，扮演客觀公正的「監督者」（supervisor）角色，惟過度強調此角色可能使被審計機關產生反抗心態而阻礙政府效能提升（Behn, 2001; Dubnick, 2005; Lonsdale & Bechberger, 2011; van der Meer & Edelenbos, 2006; Bouckaert & Peters, 2002; Halachmi, 2002a, 2002b; Halachmi & Bouckaert, 1994）；而後者則著重扮演「輔助者」（facilitator）的角色，亦即審計機關期望透過事後提出施政缺失，幫助被審計機關人員進行組織學習，藉以達到變革及提升組織效能的目的（Funkhouser, 2011; Weiss, 1998; Wilkins & Lonsdale, 2007）。

二、學術與實務觀點的歧異與調和

以往審計機關之審計人員秉持之工作信念，乃堅信遵循既有之審計規範，即可確實監督行政機關，促其提升行政績效。此種以監督為審計核心功能的觀點及假定，引起學界的質疑及挑戰，學者Funkhouser（2011）曾就美國審計實務與學術認知之重大歧異觀點，進行深入的闡述及分析，指出調和歧異看法的機制。其中對於績效審計之信念及結果提出批判的學界觀點，主要來自於Behn（2001）及Dubnick（2005）兩位學者，Behn在其重要著作《民主課責的深思》（Rethinking Democratic Accountability）一書中，提及績效審計的問題在於審計機關人員深信審計規範、過程及實務是他們的權威專業，並認為是課責的主要工具，那麼績效課責就只是遵循課責。此時績效審計人員必然建構若干規則、標準及其他判準，並循此規範審視行政機關的施政成果及行為，甚至最後可

能演變成為吹毛求疵、小題大作，最後侵蝕民眾對於政府的信任（Behn, 2001: 202-203; Funkhouser, 2011: 209-210）；而Dubnick在〈課責與績效的前提：尋求機制〉（Accountability and the Promise of Performance: In Search of the Mechanisms）一文中，採用「社會機制」途徑探討課責與提升組織績效之間的原因與工具，發現在課責及提升績效之間必須透過某些機制才得以連結，表示課責與提升行政績效之關係不必然存在，提出「課責矛盾」（accountability paradox）的觀點，批判無論這種過去認為必定存在的因果關係是偽造或只是偶然才可能產生，以此為基礎所進行的行政改革，都會是有問題的（Dubnick, 2005; Funkhouser, 2011: 210）。

為避免績效審計產生上述「課責矛盾」現象（Dubnick, 2005: 396），並有效建立起課責與行政績效之間的正向因果關係，因Dubnick批判的啟發，Funkhouser（2011）歸納學術文獻，提出下列若干連結機制，包括公眾對話（public dialogue）、組織學習（organization learning）及政治回應（political responsiveness）。Roberts（2002）倡議透過公共對話，得以處理許多「疑難雜症」（wicked problems），以公開方式邀請多元行動者進行持續之討論，能使績效導向正面。此外，Leeuw & Sonnischen（1994）以Argyris（1996）提出之組織學習理論為基礎，指出績效審計及方案評估都是組織學習的一部分，績效審計所提供的查核意見及建議，能使行政組織內外利害關係人學習到客觀的施政績效資訊，藉以引導組織進行「單圈學習」（single-loop learning）乃至於「雙圈學習」（double-loop learning）。唯有組織學習機制有效啟動時，課責才能提升行政組織績效。最後，Nalbandian（1994）在描述地方政府的政府與行政關係時，提及由一組民主價值來篩選行政人員的角色及責任，而這一組織民主價值包括：效率、代表性、社會公平及個人權利，此四項民主價值也就是所謂的政治回應性，而成功的績效審計能夠透過提升可能增加績效的政治情境，來增加政治回應性（Nalbandian, 1994; Funkhouser, 2003）。

三、臺灣近年之審計績效評估

審計部依據INTOSAI之ISSAI「透明與課責原則」規範[4]，秉持應以經濟性、效率性及效果性觀點，檢視審計機關本身之日常營運作業；並運用各項績效指標評估審計工作對民意機關、民眾及利害關係人所產生之價值，落實公共課責之具體措施，遂於2012年起首度公布2011年審計績效評估報告。審計部為確實踐行審計機關使命及願景，檢視當前及未來幾年內之各項內部及外部因素，研議確定整體發展目標，參採平衡計分卡概念及精神，設定下列四個主要面向的十三項績效指標進行績效評估，如圖6-1。

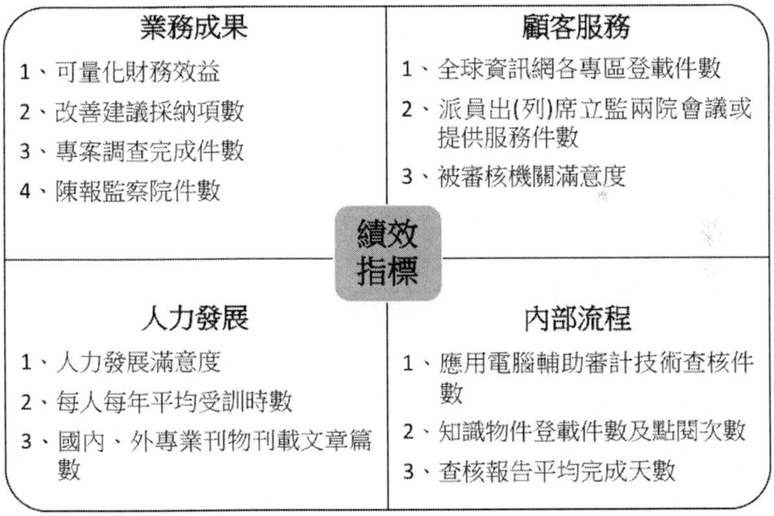

業務成果	顧客服務
1、可量化財務效益	1、全球資訊網各專區登載件數
2、改善建議採納項數	2、派員出(列)席立監兩院會議或提供服務件數
3、專案調查完成件數	3、被審核機關滿意度
4、陳報監察院件數	
人力發展	內部流程
1、人力發展滿意度	1、應用電腦輔助審計技術查核件數
2、每人每年平均受訓時數	2、知識物件登載件數及點閱次數
3、國內、外專業刊物刊載文章篇數	3、查核報告平均完成天數

（中央：績效指標）

資料來源：審計部績效報告。

圖6-1　臺灣審計機關績效評估架構及指標

---

[4] 「透明與課責原則」規範：「審計機關之經營管理應具備經濟、效率及效果，遵循相關法規，並向民眾公開。」

國內審計機關依循INTOSAI專業準則委員會（Professional Standards Committee, PSC）導入審計專業成熟度模型，設定政府審計之目的在強化各機關公共資金運用之監督[5]（Oversight）、洞察[6]（Insight）及前瞻[7]（Foresight）三大功能，持續改善公共資金之管理。透過檢視審計機關之績效，除了瞭解國內審計機關之運作成效之外，還可研判外部課責與行政績效之間的關係。本文選擇與行政機關施政相關性較高的四項歸屬於「業務成果」之績效指標進行解讀及分析，以下將分別敘述國內近四年間（2011至2014年）四項指標之趨勢：

(一)可量化財務效益

近四年審計部財務效益之量化指標（詳見表6-1），各項指標之比重結構及趨勢大致相同，均以「改善營運或財務活動節省支出或增加收入」項目指標之比例最高，其次為「檢討不當福利或津貼節省支出」項目，可見提升行政效率及效能所創造之效益相對可觀，同時此項績效衡量數字也反映外部課責對提升（財務）績效的正向關係及價值。同時，由趨勢研判2011年起隨著審計機關對績效審計之重視，除了2013年之外，其成長比率逐年增加，甚至呈現倍數成長。趨勢顯示審計機關的課責工具及功能，已逐漸由消極的合規性審計轉換為積極的績效審計，由監督功能轉換為洞察功能，對於提升行政績效展現正面的影響力。

5　監督功能係指審計機關預防及偵測政府各機關可能發生之錯誤、舞弊及浪費等情事，為政府審計之基石，具體工作包括辦理合規性審計、審定決算及審總決算審核報告等，以發揮課責機制之監督功能。

6　洞察功能係指審計機關考核政府各機關施政計畫之經濟性、效率性及效果性，為政府審計之加值，具體工作包括辦理績效審計及研提建議意見，以踐行管理諮詢之洞察功能。

7　前瞻功能係指審計機關預測政府各機關法定職掌攸關之關鍵趨勢及新興挑戰，並確保在未涉及行政權責之前提下，研提建議供其決策之參考，具體工作包括提供各種領先指標及影響分析，以啟動決策預警之前瞻功能。

表6-1　審計機關近四年「可量化財務效益」指標趨勢

單位：新臺幣千元

指標項目	2011年度			2012年度			2013年度			2014年度		
	金額	%	成長率	金額	%	成長率	金額	%	成長率	金額	%	成長率
修正決算減列歲出總審核數	2,471,552	25.6	-16	298840	4.82	-88	590197	3.28	97	2306588	9.6	291
修正決算增列歲入繳庫數	1,274,884	13.21	10	683,290	5.51	-46	1,518,192	8.42	122	664,723	2.77	-56
通知各稽徵機關補徵稅款	243,059	2.52	-75	604,224	4.87	149	551,653	3.06	-9	461,156	1.92	-16
財務稽查結果節省支出	189,704	1.97	-4	486,849	3.92	157	633,122	3.51	30	849,407	3.54	34
改善營運通或財務活動節省支出或增加收入	2,993,872	31.01	527	6,392,962	51.5	114	4,946,847	27.45	-23	12,381,341	51.53	150
檢討不當福利或津貼節省支出	1,894,244	19.62	5	212,470	17.08	-89	2,330,500	12.93	997	415,640	1.73	-82
其他支出減少（收回）之節省支出或補收、開徵相關規費款（稅）之增加收入	586,306	6.07	-59	1,526,509	12.3	160	7,452,651	41.35	388	6,946,487	28.91	-7
財務效益總金額	9,653,625	100.0	7	12,413,147	100	29	18,023,164	100	45	24,025,345	100	33
財務效益占總支出比例		0.55			0.64			0.94			1.25	

資料來源：審計部年度績效報告。

(二)改善建議採納項數

前述學者Raudla et al.（2015）定義績效審計的功能之一，乃對政府產生組織學習、變革進而提升行政績效的效果，扮演著「輔助者」角色，透過事後提出施政缺失，幫助被審計機關人員進行組織學習，藉以達到變革及提升組織效能。由臺灣審計機關近四年對於行政機關提出之改善建議事項及採納建議項數的結果及趨勢來看（詳表6-2），對於「計畫實施及預算執行」建議事項數量最多，而且還有逐年遞增的趨勢，呼應上述對財務效益績效結果之解讀，審計部對於政府之課責工具由監督者轉換為輔助者角色；而且對於建議事項是否被採納之追蹤結果，行政機關對於審計機關之建議事項具有高度認同。2010年行政院參採審計部之審核意見，成立「行政院內部控制推動及督導小組」，負責督導行政院各主管機關及所屬；並頒訂「強化內部控制實施方案」等作業規範，加強內部控制的宣導及教育訓練，遂於2013年行政機關開始試辦簽署內部控制制度，是審計機關輔助行政機關奠立推動政府內部控制制度之基礎環境之成功經驗。

(三)專案調查完成件數

國內審計機關推動績效審計工作，係以規劃專案調查的方式辦理，並依專案屬性分為「各廳、審計處、室辦理之個別專案調查及財務稽察」、「由各廳、審計處、室之共同性專案調查」及「地方審計處、室共同性專案調查」三類（如圖6-2），案件類別包括工程採購、財政經濟、衛生醫療、國防外交、內政社福、交通科技、文化教育、環境永續等政事職能，專案調查範圍廣泛而全面。近四年來審計部進行之專案調查件數，每年約維持在將近500件，其中多數為個別專案調查及財物稽察，比重占所有專案調查九成以上，同時基於「透明與課責原則」，逐年公布專案調查報告。

表6-2　審計機關近四年「改善建議採納項數」指標趨勢

	2011	2012		2013		2014
	建議項數	採納項數（101.7.31）	建議項數	採納項數（102.7.15）	建議項數	建議項數
1.對籌編政府年度概算提供增進財務效能減少不經濟支出之建議	181	178	175	169	186	190
2.非肇因於機關內部控制機制未臻周全	85	83	138	133	註1	註2
3.內部控制機制未臻周全者	1,665	1,657	1692	1675	1958	1969
3.1 內部稽（審）核之實施	210	209	181	181	156	138
3.2 計畫之實施及預算之執行	781	776	874	862	1123	1084
3.3 財務（物）之管理、運用	267	267	275	274	273	335
3.4 產銷營運管理	95	95	104	103	103	109
3.5 採購作業	170	169	162	160	173	167
3.6 事務管理及其他事項	142	141	96	95	130	136
合計	1,931	1,918	2005	1977	2114	2159

註：1.2013年度起，各級政府總決算審核報告甲篇建議意見未再區分肇因及非肇因於內部控制機制未臻周全者。

　　2.2013年度起，績效報告中僅提供建議項數，未再提供採納項數之統計數字。

資料來源：審計部民國103年績效報告。

(四)陳報監察院件數

　　審計機關經由審計結果，發現行政機關或其人員有隱匿或拒絕、延壓或處分不當，甚至涉及違失、未盡職責或效能過低時，必須報告監察院依法處理或陳報監察院備查，提供行使監察權參考。近四年來國內審計機關陳報監察院件數中，平均約260件，其中以「通知機關查明處理並陳報監察院備查案件」之比重最高，同時其陳報件數有逐年遞減的趨勢（如表6-3）。

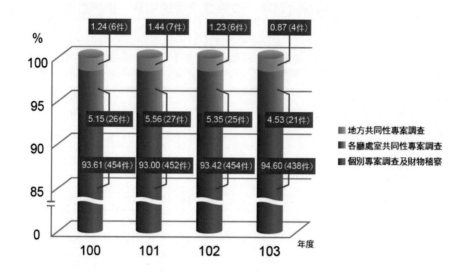

資料來源：審計部民國103年度績效報告。

圖6-2　審計機關近四年「專案調查完成件數」指標趨勢

表6-3　審計機關近四年「陳報監察院件數」指標趨勢

年度 項目	2011	2012	2013	2014
依審計法第69條報告監察院未盡職責或效能過低案件	65	73	59	79
依審計法第17條移送檢調機關偵辦並報告監察院案件	12	4	5	8
依審計法第14條、第17條及第20條報請監察院依法處理案件	10	25	32	28
通知機關查明處理並陳報監察院備查案件	170	136	134	121
供行使監察職權參考案件	12	9	16	9
合計	299	247	246	245

資料來源：審計部民國103年績效報告。

綜述臺灣審計機關近年來在業務成果方面之績效，審計工作為國內創造及節省的財務效益平均約為160億，有逐年增加的趨勢；而審計機關基於審計發現所提供之改善建議，多數獲得行政機關採納及踐行；以專案調查方式遂行之績效審計工作，客觀檢視各級政府、各項政事之重大施政，提供行政機關審查建議，協助改善行政效率及效能。近年來雖仍有部分違法陳報監察院處理之案件，但比例逐年遞減，陳報案件之目的著重於希望機關查明並有效處理並備查追蹤，而非究責或刻意小題大作。

基於國內審計機關在主要業務上近年來所獲致之績效成果，顯示其遂行外部課責之任務，對於行政績效，無論在財務上、內控制度上或政策規劃執行上，都具有一定的影響力。接著，本文下一節將進一步針對政府審計對行政機關影響之類型及模式進行討論及分析。

肆、政府審計之影響及其模式

Loocke & Put（2011）兩位學者為瞭解績效審計所產生之影響，回顧14篇美國在1980年到2008年發表之經驗研究論文研究發現，應用Weiss（1979）及Nutley & Webb（2000）所發展出研究實證文獻對於公共政策影響之模型架構，修正提出「工具型」、「概念型」、「互動型」、「政治正當化型」及「戰術型」等五種影響類型作為分析架構（如表6-4），其中「概念型」及「互動型」因較為抽象、內隱而相對難以衡量，而工具型、政治正當化型及戰術型的若干效果評量因較外顯或短期，因此判定及衡量上則相對較容易。一般而言，難以衡量影響的類型常是因為長期間且因果關係難以確認所致，因此時間面向與可衡量性可能直接影響到衡量指標之選擇（Loocke & Put, 2011: 181-183）。

國內有關績效審計之文獻大多著重於探討推動績效導向審計之重要性、現況及展望（柯承恩、賴森本，2002；張四明，2006；林慶隆，2012，2013；周琼怡、許哲源，2010；陳華，2010），審計部積極推動

績效審計工作之後，對於其後續所產生之影響也日漸重視，因此有關績效審計影響之研究多數來自於審計部之內部研究居多。審計長林慶隆指出審計機關推動績效審計有助於行政機關執行變革管理，針對各機關制度規章缺失或設施不良提出建議改善意見，已逐漸展現影響力（林慶隆，2012：12）。同時，審計機關逐漸加強對各機關施政績效評核意見之執行結果追蹤，大多數行政機關均採取正向積極回應的態度（周瓊怡、林珈宇，2009；周瓊怡，許哲源，2010）。

表6-4　績效審計之影響類型

影響類型	績效審計效果	時間面向	可衡量性
工具型 （instrumental）	績效結果的預期	過程期間	佳
	審計意見及建議的接受度	短期	佳
	審計意見及建議的執行情況	短、中、長期	適中
	審計意見及建議造成的間接改變及副作用	短期到長期	困難
概念型 （conceptual）	學習過程及對於精神上及智識架構的改變	從過程到長期	困難
互動型 （interactive）	利害關係人之間的諮詢及溝通協調	從過程到中期	困難
	對其他學識機構註的影響	短期到長期	困難
政治正當化型 （political-legitimizing）	媒體的興趣	短期	佳
	立法機關的興趣	短期	佳
戰術型 （tactical）	對決策過程的影響	過程期間及短期	適中

註：智庫、大學及相關之研究服務等。

資料來源：Loocke & Put (2011), p. 182-183.

由於過去國內研究績效審計影響之學術文獻甚少，隨著審計工作重點逐漸由財務審計轉向績效審計之際，對於績效審計之相關學術探討，將有助於瞭解目前績效審計工作之成效並協助績效審計之推動及後續研究。因此，本文以Loocke & Put所提出之架構為基礎，檢視近年來臺灣審計機關

執行績效審計之結果對受審計機關（行政機關）所造成之影響。解構國內
專案審計報告內容中「受查行政機關回應」之意見，將其區分為不同之影
響類型，解構過程中不同影響類型之主要編碼原則如表6-5所示。

表6-5　績效審計影響類型之編碼原則

影響類型	編碼原則
工具型 （instrumental）	1.在報告中指出受查行政機關有糾正的實際行動出現，符合審計機關之預期 2.在報告中受查機關正面回應審計意見及建議 3.在報告中說明受查行政機關針對審計意見及建議的執行情況 4.報告中說明審計意見及建議造成受查行政機關間接改變及其他間接效果
概念型 （conceptual）	由報告內容解讀出受查行政機關發生學習過程，並造成概念或政策目標、策略等心理及智識架構的實質變革
互動型 （interactive）	1.報告中指出曾與受查專案之利害關係人進行諮詢及溝通協調，例如：相關之利益團體等 2.報告指出曾與智庫、學者等專業機構人員徵詢建議或諮詢
政治正當化型 （political-legitimizing）	1.報告中提到引發媒體的興趣 2.報告中指出造成民意代表之關注及興趣
戰術型 （tactical）	報告中指出審計糾正建議影響了公共決策過程，例如：造成政策延遲、中斷或結束等

資料來源：Loocke & Put (2011), p. 182-183.

接下來，將依據績效審計報告內容及文獻區分下列主題內容進行分
析，包括：查核發現、糾正建議、受查行政機關回應及影響類型等，茲分
述如下：

一、查核發現之分析

　　國內近年來審計部公布之政府審計專案查核報告中，整體而言，查核發現執行過程（包括業務上及管理上）的缺失最多，73個分析專案查核報告中，有95.9%查核後發現執行過程上有缺失，其次則是執行結果（效益）不彰占84.9%；同時80%的專案查核發現有計畫擬訂及經費來源等缺失，其餘諸如制度規章、硬體設施及影響施政效能之潛在風險等問題之比例相對則較低（如圖6-3）。

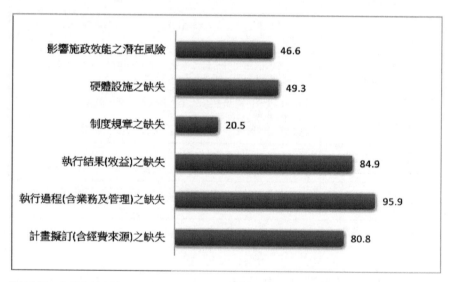

資料來源：作者自行分析。　　　　　　　　　　　　　　　　　單位：百分比

圖6-3　政府審計之查核發現（2010-2015年）

　　將查核發現與查核對象層級進行交叉分析，發現依不同政府層級觀察查核發現之比例，大致與整體比例結構一致，無論是中央政府、地方政府或跨政府部門，其查核發現中均以專案執行過程出現的缺失所占比例最高，約占四分之一，其次為執行結果上之缺失及計畫擬訂之缺失

（如表6-6）。可見近年來國內各級政府政策執行過程是否出現缺失，常是政策成敗的關鍵，也是當前審計機關查核之重點。此外，「制度規章的缺失」中央政府占的比例相對較地方政府高。

表6-6　查核發現及查核對象層級之交叉分析

查核發現 ＼ 查核對象層級		中央政府	地方政府	跨政府（部門）	總　計
計畫擬訂（含經費來源）之缺失	計數	18	30	11	59
	查核發現內的 %	30.5	50.8	18.6	100
	查核層級內的 %	22.5	21.4	19.6	
執行過程（含業務及管理）之缺失	計數	20	35	15	70
	查核發現內的 %	28.6	50	21.4	100
	查核層級內的 %	25.0	25.0	26.8	
執行結果（效益）之缺失	計數	18	31	13	62
	查核發現內的 %	29.0	50.0	21.0	100
	查核層級內的 %	22.5	22.1	23.2	
制度規章之缺失	計數	6	4	5	15
	查核發現內的 %	40.0	26.7	33.3	100
	查核層級內的 %	7.5	2.9	8.9	
硬體設施之缺失	計數	8	21	7	36
	查核發現內的 %	22.2	58.3	19.4	100
	查核層級內的 %	10.0	15.0	12.5	
影響施政效能之潛在風險	計數	10	19	5	34
	查核發現內的 %	29.4	55.9	14.7	100
	查核層級內的 %	12.5	13.6	8.9	
總計	計數	80	140	56	276
	占總計的 %	29.0	50.7	20.3	100

註：百分比及計數為基於回應次數。

資料來源：作者自行分析。

二、糾正建議之分析

彙整審計部所公開資訊的所有專案審查報告資料，對於受查行政機關提出之糾正建議事項類別，大致可歸納為「改善計畫之規劃」、「提升計畫之業務及管理效能」、「提升計畫之硬體使用效能」、「增加財務效能及減少不經濟」及「增修相關制度與法規」等五類。內容分析發現除了「提升計畫之業務及管理效能」是審計機關針對每件專案審查案件均會提出之糾正建議之外，比例較高之糾正建議則為「改善計畫之規劃」（82.2%）及「增加財務效能與減少不經濟」（72.6%）（如圖6-4）。此項分析結果可與查核發現之分析相互呼應，因為施政缺失經常出現於執行過程（含業務及管理過程），因此提升計畫之業務及管理效能便成為首要當務之急；其次追究造成執行結果不佳的理由，除了執行過程缺失外，計畫擬定過程必然也是影響施政結果重要的環節，因此從改善計畫之規劃階段著手，亦為解決問題提升效能的重要切面。當然，傳統合規性審計工作所重視的財務效能，在進行績效審計工作時不容偏廢，一旦發現收入及支出產生浪費或不經濟的情況，審計機關有責任提出糾正建議，協助受查行政機關提升財務效能，確實監督公共資源使用之有效性。

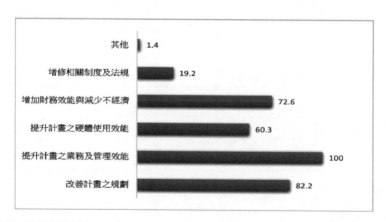

資料來源：作者自行分析。　　　　　　　　　　　　　　單位：百分比

圖6-4　行政機關對政府審計糾正建議（2010-2015年）

　　進一步探索，不同政府層級之糾正建議類型有差異嗎？將糾正建議
與查核層級進行交叉分析（表6-7）發現，整體而言審計報告中各種糾正
建議類型的比例結構，不同政府層級大致相同，惟針對地方政府之專案查
核，針對「提升計畫之業務及管理效能」及「提升計畫之硬體使用效能」
兩項糾正建議之比例高於中央政府，顯見審計機關對於地方政府之施政計
畫，近年來更強調執行過程之效能及硬體設備使用之情況。

表6-7　糾正建議與查核對象層級的交叉分析

糾正建議	查核對象層級	中央政府	地方政府	跨政府（部門）	總　計
改善計畫之規劃	計數	18	30	12	60
	糾正建議內的 %	30.0	50.0	20.0	
	查核層級內的 %	26.1	24.2	23.5	
提升計畫之業務及管理效能	計數	20	38	15	73
	糾正建議內的 %	27.4	52.1	20.5	
	查核層級內的 %	29.0	30.6	29.4	
提升計畫之硬體使用效能	計數	11	24	9	44
	糾正建議內的 %	25.0	54.5	20.5	
	查核層級內的 %	15.9	19.4	17.6	
增加財務效能與減少不經濟	計數	16	27	10	53
	糾正建議內的 %	30.2	50.9	18.9	
	查核層級內的 %	23.2	21.8	19.6	
增修相關制度及法規	計數	4	5	5	14
	糾正建議內的 %	28.6	35.7	35.7	
	查核層級內的 %	5.8	4.0	9.8	
總計	計數	69	124	51	244
	占總計的 %	28.3	50.8	20.9	100.0

註：百分比及計數為基於回應次數。
資料來源：作者自行分析。

三、政府審計回應及影響類型之分析

　　本質上，政府審計係擔任行政機關事後回饋系統的重要角色，以超然獨立地位，針對政府施政提出客觀具有公信力的監督資訊，希望審計意見及建議有一定的接受度，並留意審計意見及建議造成的間接改變、副作用及對政策過程的影響。本文分析近年來政府審計成果所造成的影響，發現國內政府審計所產生之影響類型，主要為「工具型」及「戰術型」（如下圖6-5），表示政府審計之查核意見或可提供有效之專業知識工具，協助行政機關解決施政問題，或者會間接影響政策決策過程。

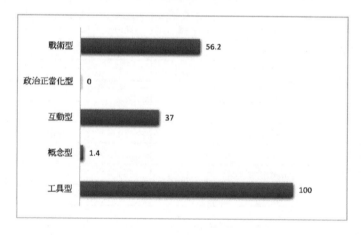

資料來源：作者自行分析。　　　　　　　　　　　　　　　　　　單位：百分比

圖6-5　政府審計影響類型（2010-2015年）

　　接下來，依不同查核層級解讀政府審計影響類型的分析結果，發現不同查核層級之影響類型亦以「工具型」及「戰術型」為主，惟跨政府層級及地方政府之專案，有更高比例集中於「工具型」；而「戰術型」的影響在各政府層級中的比例相當，約占三成，但所有具此影響類型之專案中，以地方政府專案最高，占48.8%，其次為中央政府及跨政府（部門），各

占34.1%及17.1%。此外，在回應審計機關之查核意見，有採取與利害關係人之間進行諮詢及溝通協調，或邀請或召集學術界人士進行研討或改善方式之影響者，占各級政府的比例約二成左右，所有互動型的影響，中央政府幾乎占了半數（48.1%）（如下表6-8）。

表6-8　影響類型與查核對象層級的交叉分析

影響類型	查核對象層級	中央政府	地方政府	跨政府（部門）	總　計
工具型	計數	20	38	15	73
	影響類型內的 %	27.4	52.1	20.5	100
	查核層級內的 %	41.7	55.9	57.7	
概念型	計數	1	0	0	1
	影響類型內的 %	100	0	0	100
	查核層級內的 %	2.1	0	0	
互動型	計數	13	10	4	27
	影響類型內的 %	48.1	37.0	14.8	100
	查核層級內的 %	27.1	14.7	15.4	
戰術型	計數	14	20	7	41
	影響類型內的 %	34.1	48.8	17.1	100
	查核層級內的 %	29.2	29.4	26.9	
總計	計數	48	68	26	142
	占總計的 %	33.8	47.9	18.3	100

註：百分比及計數為基於回應次數。
資料來源：作者自行分析。

綜言之，依據近年來審計部公布之政府審計專案查核報告內容，審計機關順應國際趨勢轉變審計重點及角色，提供具公信心之外部資訊，由行政機關之回應內容分析或影響類型之判定，已逐漸發展出課責與績效相

互連結的正向運作回饋系統，一旦形成良性監督循環，必然成爲提升政府
行政績效之重大助力。雖然國內績效審計暫時無課責矛盾現象，但審計部
在積極推動績效審計工作中，仍應留意建立上述正向運作回饋系統之連結
機制，例如以公開方式邀請多元行動者進行持續討論，透過溝通與行政機
關建立信任感，引導其進行組織學習以提升行政績效；再者儘量維持甚或
提升有利的政治情境，增加政治回應性，亦可能提高績效審計之正面影響
力。

結　論

　　本書以臺灣當代財政治理爲主題，由政治經濟、財務管理及公民課責等三個面向，探討在經濟緊縮的現實環境之中，政府面對當前的經濟環境現況及預期，以及預算決策過程中的問題時，如何透過定期評估政府財務狀況，瞭解影響公共財務管理的各項內、外在因素，在財務上採取適當的裁減管理策略。過去，人民在行使選舉權之後，將所有公共資源之支配權委託給政府，隨著公民社會的成長、成熟，人民對公共課責的概念日益重視，除了內部課責之外，也強化對公共預算外部課責的基本條件及工具，對外部課責之成效有相當程度的期待。

一、政治經濟面向的財政治理

　　本書第一篇由政治經濟面向，探究臺灣當代財政永續性之條件，以及在長期財政失衡的情況下，預算決策的模式。以政府角色來觀察，過去服膺凱因斯主義，強調政府在遭遇經濟衰退時，主張採用「赤字預算」來穩定經濟，積極介入市場。全球各國政府長期因應經濟波動造成的衰退及金融危機，採行積極性財政政策之代價，造成政府債務快速累積及長期財政不健全之危機。臺灣各級政府過去二十年來，長年依賴舉債支應財政赤字，累積未償債務餘額占GDP之比率不斷上升，特別是2000年後累積速度加快，財政情況加速惡化。

雖然近幾十年來，政府採取各項財政政策，致力於預算收支平衡的目標，但收入成長幅度有限，潛在支出壓力龐大，加上非經濟因素層出不窮，此項目標不但無法預期實現，在未來幾年內可預見政府預算仍難平衡。本書第一章透過實證結果，某種程度印證了這樣的悲觀看法，臺灣近期內確實已無法滿足跨期預算平衡之條件。因此，政府似乎不能再一派天真地認為目前累積的債務，可以透過未來經濟繁榮，增加政府收入自然得以解決。

政府功能發展迄今，要從積極的角色回歸至保守的維持市場秩序，恐怕已非易事；況且當前政府財政惡化，期盼大規模增加公共支出來促進經濟發展，恐怕政府也力有未逮，支出結構僵化及財政弱化，致使政府陷入既無法勝任凱因斯學派主張的成長領航者角色，亦無法消極地擔任古典學派所謂市場守護者角色的兩難困境。

近期資料之實證結果，發現1989-2011年近二十年多來政府實質歲出及歲入已無法滿足跨期平衡條件，顯示政治、經濟及社會轉型之後臺灣運用財政政策所造成之財政赤字規模已太大，已無法透過自動調整機制回復均衡，同時也意味著當代政府必須審慎檢視財政政策方向變更之必要性，以確保財政之永續發展；各級政府、民眾及民意機關應一齊反省及檢討政府的角色，並適度善用這一隻「看得見的手」發揮穩定功能。

事實上，過去臺灣中央政府也確實為解決財政失衡採取各項制度因應，自1995年來以控制財政赤字為目標採行之總體預算制度，位居「憲法性選擇」層次之相關法令，因修訂法律之交易成本相對較高，具有一定門檻效果，卻只能適時發揮短期控制赤字效果；居於「集體性選擇」層次的預算政策及財政規範，長期因無法限制官僚移轉預算的能力及投機行為，僅簡單設立支出規模上限，失去應有之控制力，以交易成本及共同資源理論可解釋臺灣預算過程中總體預算制度為何僅具有短期效果無法持久的理由。近年來我國行政機關「特別預算例行化」之現象，便是預算過程中制度拘束效果逐漸弱化及投機行為之體現。國內現今面臨財源籌措不易

的困境，行政機關若仍運用此種「掩耳盜鈴」的心態及方式籌措財源，固然相對容易籌足財源，但其代價將導致國家債務快速累積，絕非全民之福。

臺灣社會福利支出日益成長及支出結構化之現象及問題，與臺灣民主發展有密切的關聯，立法者為追求個人利益（連任），力求透過法制化方式來改善承諾問題以尋求連任成功。一旦社會福利支出及應享權益支出占總支出比例日益增加，政府支出失去調整彈性，將造成國家財政結構僵化，成為國家財政長期的巨大負擔。加上對於具有共同資源性質的公共預算，政府機關基於本位主義競逐有限資源，官僚追求寬鬆預算最大化行為仍舊存在，共同財悲劇的發生在所難免。本書第二章檢驗臺灣當前之財政紀律，顯示在法規面似乎已具備相對有利於財政控制之規範制度，若能正常運作，本應有助於財政失衡之解決，惟這些行之有年的財政紀律規範散見於不同法規之中，長期以來只能稱之為消極的財政紀律工具，加之以民主政治紛擾及政府穩定經濟景氣之責任，導致其無法積極有效發揮穩定財政的功能。「外部課責」及「財務透明」兩項輔助機制，是改善政府支出內部控制矛盾現象值得嘗試的作法。

就支出面的外部監督而言，代理理論有助於理解當前臺灣預算監督體系弱化之現象。立法機關基於「看緊人民荷包」之職責，在行政預算制度中擔任監督角色，對於財政支出成長之控制，占有一定重要地位。惟臺灣預算監督體系一直長期處於弱化情況，制衡機制無法發揮，不僅資訊不對稱、利益不一致，甚至連權力都不對等，監督工具都嚴重不足。上述現象致使立法者寧願狹隘地關心選民利益及鑲嵌在其中之選舉利益，導致行政機關外部控制力量薄弱，政治影響力大於理性監督，再加上立法機關汲汲營營於為選民搶奪有限公共資源的雙重影響，財政支出連年增加及收支惡化將是可預期無法避免的結果。因此，強化預算監督工具及公民監督的力量，應可彌補預算監督體系弱化的缺陷。

二、財務管理面向的財政治理

　　臺灣地方政府（特別是直轄市）的角色及資源正在劇烈轉變中，由於新世紀地方治理時代之需求，地方財政自主的呼聲高漲，2000年臺灣雖開始展開一連串地方財政分權化的改革及制度建立，顯然並未能有效增加地方財源，減少地方對中央政府之財政依賴。地方雖極力爭取財政自主權，卻仍無法跳脫「中央集權、地方依賴」的財政關係。過去近十年來，地方政府的財政收支一直處於失衡情況，似乎沒有改善跡象，不但自主財源嚴重不足，近年來由於社會多元化發展及民主選舉之不確定性，地方支出增加及非法定福利政策成長快速，使地方財政狀況益發惡化。

　　「財政為庶政之母」，庶為日常生活，政乃眾人之事，庶政是政府每天為民眾所做的事情，但是政府必須有充足的財政資源，才有能力替民眾處理日常生活大小事。相較於中央政府，臺灣地方政府因全球化風潮與世界接軌而快速發展，加上財政集權、行政分權之落實，致使地方財政捉襟見肘情況更加嚴重。就地方政府而言，在資源困窘時，節衣縮食雖是解決財政失衡可能途徑之一，代價卻可能是施政滿意度低落及地方首長之仕途，因此地方當局在面對財政困難情境下，近年來看到的是地方首長不分政黨戮力於財政劃分的角力，但在財政大餅無法做大的現況下，與其仰賴透過改變分配制度爭取資源，倒不如致力於強化內部財政管理，重視財務管理及績效，才是真正負責任的作法。

　　本書第三章透過系統性評估步驟及工具，評估臺灣2001-2011年這十年間地方政府之財務狀況指標。就橫斷面分析而言，在四個衡量面向之中，外島之金門縣及連江縣，以及基隆市之現金償付能力較佳，反之，臺東縣及新竹縣則有待加強；金門縣及臺北市在預算支應能力方面較佳，待改善縣市包括新竹縣、苗栗縣、高雄市及臺南市，中南部縣市之財政依賴性相對比較高。就地方債務情況而言，當前地方政府普遍存在舉債過高之情事，特別是苗栗縣、宜蘭縣、屏東縣等地方政府之淨資產及長期負債比率過高，非常不利於地方財政之長期穩定，必須研議有效控制地方長短期

債務之措施；相對償債能力較佳之縣市則有嘉義市、金門縣、臺北市及澎湖縣。此外，人口的多寡及長期負債影響了地方政府提供永續服務的能力，除了外島（金門、澎湖及連江縣）及高雄市、嘉義市及彰化縣之外，其他縣市在永續服務能力上都有提升的空間。

　　再由縱斷面分析近年臺灣地方政府之財務指標長期趨勢，發現在四個財務狀況面向中，以長期償還能力呈現趨勢弱化的縣市最多。中部的彰化縣在現金償付能力、長期償還能力及永續服務能力三個面向所有指標均出現弱化趨勢，必須特別注意。其次，基隆市在現金償付能力及長期償還能力兩項指標上亦出現弱化趨勢，中部各縣市之地方財務狀況出現2008年以後財務指標均明顯惡化之共同現象，其中又以苗栗縣惡化幅度最大。

　　透過路徑分析，初步發現在選定的社經因素中，「商業指標」對於預算支應能力具有正向而相對顯著之因果關係，地方政府可採取提升營利事業銷售額之政策，作為強化預算支應能力最有利之策略。此外，臺灣各地方政府人口增加造成支出增加比率顯然大於收入之增加比率，對於預算償付能力反而呈現負面影響，因此地方政府必須審慎考量鼓勵人口移動之機制安排或政策，有效降低失業率亦有助於預算支應能力之提升。對於提升地方政府之長期償還能力，商業指標似乎亦具有正向且較顯著之因果關係，然而產業指標卻與長期償還能力呈現反向之因果關係。綜言之，臺灣各地方首長應致力於地方工商業發展之政策規劃及方向，將有助於改善財務狀況，解決地方財政之困境。

　　二十世紀之後全球各國政府面對公共服務的提供將走入一個「裁減公共支出及緊縮財政」的新時代，也就是當代政府將陷入「支出裁減」及「提供更多公共服務」的兩難局面，如何合適地運用裁減管理策略來解決財政困境，滿足人民的公共需求，將是執政者的一大挑戰。本書第四章探討中央政府財政部於2014年2月提出「財政健全方案」，針對中央及地方政府分別規劃改善財政失衡之策略及作法，以強化地方財政輔導為手段，進行開源、節流及債限控管的財政管理工作，檢視二十七項具體執行措施

及方案計畫，對於提升地方財政自主及控管債務之成效及回應性。

開源部分，針對非自住房屋之房屋稅稅率、財產稅租稅優惠及身心障礙者免徵牌照稅之相關規定進行地方稅之檢討，擴大自用住宅與非自用住宅稅率的差距，縮小優惠租稅範圍，減少對地方稅基的侵蝕；針對房屋稅、地價稅及土地增值稅的稅基進行合理評定。落實使用者付費之觀念及宣導，以活化及開發資產的作法來徵收稅課以外的其他收入，改善地方政府非稅課收入停滯的問題。只是這些「取之於民」的作法，對於多數民選地方首長來說「既不能也不想」，因此有部分地方政府採取「虛與委蛇」的態度來回應中央。而中央積極鼓勵地方開發公有非公用不動產規劃招商，引進民間資金及專業以創造商機，以增加地方財政收入的作法，在地方政府早已行之有年，也已具有一定的執行成效。引進民間資金參與地方建設是一種政府與民間「各取所需」的合作模式，惟「公共利益」與「私人利益」之間的平衡，是地方政府採用此種模式進行公共建設時必須更注意拿捏的。

節流部分，提出「改制直轄市之員額管理措施」、「組織整併」、「減少教育及人事費支出」及「非法定義務支出必要性檢討」等行動方案因應，惟人事費用上的控制，中央仍然必須尊重地方自治權責，未必能得到地方的積極正面回應，對於節流的效果有限；至於以「一般補助款」為監督工具來控制非法定社福支出的成長，可能會有某些成效。而最具回應性的當屬以區段徵收或市地重劃的方式辦理整體開發，檢討變更不必要的公共設施保留地的措施及作法。這種「不擾民又有感」的方式，地方政府不僅可無償取得公共設施用地，節省龐大的用地徵購費用，藉由土地價值上升，公告現值及公告地價隨之調高，又可為地方稅收帶來實質助益；再者，市地重劃後抵費地及區徵配餘地之標售亦能創造可觀收入，是既能開源又可節流的利器。

債限控管部分，規劃建立「流量」的動態控管機制，包括「強制還本預算之編列」及「設置公共債務管理委員會」等，所有地方政府業已於

2014年成立公共債務管理委員會，建立審議自償性公共債務作業，落實債務控管。然而，對於債限控管比較可能發揮作用的應屬建立債務預警、考評及揭露機制，透過資訊透明化，鼓勵地方財政自我負責精神，定期揭露地方政府債務管理項目之考核結果及債務負擔概況，相互比較可產生警惕之心，人民及媒體亦可因財政資訊揭露，加入監督地方財政之行列。

最後，依據地方財政評比指標評核結果，2013年稅收增減情形，直轄市均呈現成長態勢，以新北市增幅最大，臺北市增幅最小；規費增減的情形，除了臺北市呈現小幅減少之外，其他直轄市均成長，其中以臺南市的增幅最大；自籌財源的部分，直轄市的財政努力及財政依賴度相對較縣市政府優良許多，高雄市及臺中市有顯著的成長幅度，占歲入比率幾乎達到五成。整體而言，直轄市中以新北市表現最佳，臺南市有非常大的進步空間。

有關支出節流績效的指標評核，總預算（含特別預算）歲出增加幅度超過歲入增加幅度的直轄市包括臺中市、臺南市及桃園市，其中以臺中市的增幅差距最高。整體而言，2014年臺灣主要城市所展現對於支出節流的努力，新北市及高雄市績效較佳，而臺中市政府則必須加強監控支出成長。各地方政府債務管理之績效，由2014年之評比指標來看，臺南市政府之長短期債務餘額占舉債上限之比率雖有微幅下降，仍高達94.50%，是唯一啟動預警機制之直轄市，必須研擬出債務改善計畫及時程表，以控制債務繼續成長。

三、公民課責面向的財政治理

1995年墨西哥金融危機及1997年亞洲金融風暴之後，一般民眾相信造成上述金融危機的理由之一，是國家財政透明度不足所致。政府資源取之於民，向社會大眾公開財政政策目的、財務與財政預測等資訊，乃是政

府良善治理之基本條件。

　　第三部門以往對於推動國家財政透明及公民參與的努力，著重於政府對於公民團體參與預算過程的賦權，而民間組織推動財政透明的成果，有助於良善治理，這股民間支持更開放更民主的社會風潮是政府難以抵擋的。本書第五章介紹第三部門中對於財政透明理念推動最具有代表性的「預算及政策優先中心」（CBPP）於1997年設立「國際預算夥伴」（IBP）之次級組織，幫助新興民主國家及開發中國家之非政府組織執行預算分析，強調公民社會的影響力，促使政府預算系統更加透明及具回應性。IBP自2006年開始每兩年公布「預算公開指數」（OBI），評量各國政府預算書及其過程之公開程度，調查不同國家採行財政透明實務的情況，對於推動國際財政透明之工具，特別是公民參與的部分，有卓著之成果及貢獻。第三部門在推動國家財政透明度的發展過程中擔任重要而獨立的角色，針對政府預算透明所進行的調查指標及結果，一方面補足其他國際組織的不足，一方面強調社會分配正義及公民參與，是當代推動財政透明度的重要標竿。

　　依循IBP預算公開指數調查的過程及步驟，本書第五章發現臺灣預算公開的程度及預算案編製過程中資訊揭露情況，在全球100個國家之中排名分別居於第10名及第13名，相較於西方國家毫不遜色；預算外部監督機制，調查的結果全球排名亦居第10名，堪稱完善。公民參與和公民預算的調查結果全球排名分別為第15名及第23名，由當今臺灣民間組織對議題關注偏好之主觀條件及預算資訊複雜度與專業的客觀條件兩者觀之，得到如此結果並不意外。因此，公民組織必須強化財政資訊充分揭露及滿足公民參與的條件下，才有能力及資訊瞭解政府預算，也才能對政府課責，作為對抗貪腐、浪費及治理不善的武器。

　　綜言之，當前臺灣民間參與公共預算過程的重要核心問題，聚焦於公眾對於公共預算資訊的閱讀能力及理解能力。因此，推動公民預算，跨越專業鴻溝，定期提供民眾淺顯易懂之財務資訊，是公民參與國家財政未來

應努力的重要方向。在國家財政失衡的困境之下，唯有先跨越這道鴻溝，公民才能真正發揮參與公共預算配置過程之實質功能，政府也才能透過公民參與的方式建立起理性對話平台，吸納民間的意見與討論，杜絕浪費及貪腐的可能，將資源做最有效率及符合民眾需求的運用。

除了公民監督系統之外，在既有監督體系中，政府審計擔任事後回饋系統重要角色，以超然獨立地位，針對政府施政提出具有公信力的監督資訊。本書第六章以審計部公開之審計績效報告及政府審計專案報告為分析資料，以量化內容分析為工具，探討政府審計成果及其對於行政機關之影響。首先，第一部分檢視審計監督工作與行政績效之間的關係，發現審計工作為國內創造及節省可觀的財務效益，並有逐年增加的趨勢；審計機關基於查核發現所提供之改善建議，多數獲得行政機關採納踐行；此外，近年來以專案調查方式遂行之績效審計工作，轉換監督角色，違法陳報監察院處理之案件比例逐年遞減，且陳報案件著重於希望機關查明並有效處理並備查追蹤而非究責。總之，基於國內審計機關在主要業務上近年來由消極監督轉向積極輔助的角色轉變所獲致之成果，對於行政績效已產生一定的正面提升效果及影響力。

另外，依據政府審計專案報告內容及文獻之內容分析，由查核發現內容中發現執行過程（包括業務上及管理上）的缺失比例最高，其次是執行結果（效益）不彰，及計畫擬訂及經費來源等缺失。將查核發現與查核對象層級進行交叉分析，發現無論是中央政府、地方政府或跨政府部門，均以專案執行過程出現的缺失所占比例最高，約占四分之一，可見國內各級政府之政策執行過程是否出現缺失常是政策成敗的關鍵，也是當前審計機關查核之重點。整體而言，審計報告中糾正建議類型結構，不同政府層級大致相同，比重依序為「提升計畫之業務及管理效能」、「改善計畫之規劃」及「增加財務效能與減少不經濟」，地方政府近年來更強調執行過程之效能及硬體設備使用之情況。最後，分析國內近年來績效審計結果所造成之影響類型及模式，發現當前國內所產生之影響類型，主要為「工具型」及「戰術型」，也產生某種程度「互動型」影響；同時發現政府審計

成果對不同政府層級所造成的影響類型原則上與整體結構一致，惟對於跨政府層級及地方政府而言，有更高比例集中於「工具型」的影響，中央政府較容易產生「互動型」之影響。

　　總之，本書彙集作者六年來於研究領域中之研究成果，由政治經濟面向審視臺灣財政永續性之條件，以政治經濟理論觀察預算決策過程之實然；由財務管理面向評估地方政府之財務狀況及在財政困境下，採取公共裁減管理策略的成效及回應性，再由公民課責面向探討臺灣財政透明及公民參與的現況，並描繪當前政府審計工作之成果及其影響，希望為財政學術領域提供學術基礎及有用的資訊，作為國內後續相關財政研究之參考。

一、中文部分

ETtoday東森新聞雲政治中心（2012）。「**9A立委**」每年花**2億**　蔡正元提案：補助應全數刪除。取自 http://www.ettoday.net/news/20121025/118605.htm#ixzz3SvxeYAkg。

Murray J. Horn（2003）。**公共行政之政治經濟學**（浩平、蕭羨一譯）。臺北：商周出版。

內部政地政司（2015）。「**內政部預估104年公告土地現值全國平均調升12.04%**」，內政部地政司全球資訊網，http://www.land.moi.gov.tw/pda/hotnews.asp?cid=413&mcid=3281，查詢日期：2015年5月3日。

方凱弘（2006）。初探地方財政分權化及其在我國之政策意涵。**政策研究學報**，6：51-88。

王佳煌、潘中道、蘇文賢、江吟梓譯（2014）。**當代社會研究法：質化與量化取向**。W. Lawrence Neuman著，臺北：學富文化事業有限公司。

王菀禪（2007）。**從結構性赤字探討我國財政永續性問題**。臺北大學財政研究所碩士論文，未出版，臺北。

江明修、曾冠球（2009）。政府再造：跨部門治理的觀點。載於江明修（主編），**公民社會理論與實踐**（頁3-35）。臺北：智勝文化。

江明修、鄭勝分（2003）。全球治理與非營利組織。**中國行政**，74：71-95。

李允傑、孫克難、李顯峰、林博文（2007）。**政府財務與預算**。臺北：五南。

李允傑、劉志宏（2010）。**我國地方財政管理指標之研究**。財政部國庫署99年度

委託研究計畫（GRB研究編號：PG9906-0204）。

周志龍（2014）。大都會城市區域崛起與全球化臺灣的多尺度治理挑戰。**人文與社會科學簡訊**，15（2）：67-77。

周琼怡、林珈宇（2009）。行政院所屬各機關施政績效評估執行情形之審計。**政府審計季刊**，29（4）：36-45。

周琼怡、許哲源（2010）。施政績效管理之審計。**研考雙月刊**，34（3）：121-126。

林向愷、賴惠子（2009）。預算體制與政府跨期財政行為——臺灣的實證研究。**經濟論文**，37（2）：207-252。

林健次、蔡吉源（2003）。地方財政自我負責機制與財政收支劃分。**公共行政學報**，9：1-33。

林健次、蔡吉源（2004）。**臺灣中央與地方財政關係的研究**。臺北：前衛出版。

林湘慈（2012）。「**北市Q1『雙地上權』＋『雙都更』招標**」，MyGoNews報導，http://www.mygonews.com/news/detail/news_id/8019/%E5%8C%97%E5%B8%82Q1%E3%80%8C%E9%9B%99%E5%9C%B0%E4%B8%8A%E6%AC%8A%E3%80%8D%EF%BC%8B%E3%80%8C%E9%9B%99%E9%83%BD%E6%9B%B4%E3%80%8D%E6%8B%9B%E6%A8%99，查詢日期：2015年5年3日。

林慶隆（2012）。政府績效審計推動現況與展望。**內部稽核**，78：5-13。

林慶隆（2013）。政府審計在公共治理之角色與功能。**公共治理季刊**，1（3）：58-73。

姚名鴻（2011）。我國地方財政赤字之理論與實證分析。公共行政學報，39：37-70。

柯承恩、賴森本（2002）。推動績效導向之審計制度。**研考雙月刊**，26（5）：59-68。

韋伯韜（2006）。**公共財務學——公共資源的來源、用途及管理**。臺北：華泰文化。

徐仁輝（1999）。**當代預算改革的制度性研究**。臺北：智勝文化。

徐仁輝（2001）。**預算赤字與預算改革**。臺北：智勝文化。

徐仁輝（2002）。統籌分配稅款爭議探究。主計月刊，559：54-60。

徐仁輝（2009）。**公共財務管理（第五版）**。臺北：智勝文化。

徐仁輝（2011）。財政透明度。載於余致力（編），**廉政與治理**（頁151-167）。臺北：智勝文化。

徐仁輝（2014）。**公共財務管理：公共預算與財務行政（第六版）**。臺北：智勝文化。

徐仁輝、蔡馨芳（2009）。**OECD主要國家振興經濟方案對政府財政之衝擊及果效**，載於徐仁輝、郭昱瑩、周濟、張淑華（主編）：**金融海嘯與公共政策**（107-130）。臺北：智勝文化。

徐仁輝、蔡馨芳（2009）。振興經濟方案對政府財政之衝擊——美國與臺灣案例分析。**財稅研究**，41（4）：23-37。

徐仁輝、鄭敏惠（2011）。新六都時代地方財政的挑戰與展望。**研考雙月刊**，35（6）：57-70。

徐良維（2011）。全球化趨勢下地方政府之財政自主與國家資源之合理分配。**城市學學刊**，2（1）：89-117。

財政部國庫署（2014）。「**財政健全方案**」規劃重點及執行成果。來源網址：www.ndc.gov.tw/dn.aspx?uid=40119。

國家發展委員會（2016）。**機關施政績效評估**。網址：http://www.ndc.gov.tw/News.aspx?n=B3B031E02A85D8B8&sms=5BC851F56C003F6B，查詢日期：2016年5月21日。

張四明（2006）。強化績效審計與公共課責連結的重要性。**政府審計季刊**，27（1）：88-96。

張李淑容（1997）。臺灣地區政府預算平衡限制之實證分析。**臺灣銀行季刊**，48（4）：119-142。

陳旭昇（2009）。**時間序列分析：總體經濟與財務金融之應用**。臺北：東華書局。

陳師孟（2006）。**政治經濟：現代理論與臺灣應用**。臺北：翰蘆圖書。

陳淑貞（2012）。五都升格後之財政自主性探討。**臺灣經濟論衡**，10（12）：52-81。

陳華（2010）。績效審計是項目後評價的最佳方法。**內部稽核**，71：30-36。

單昭琪（1996）。開創地方財政新局。**中國行政評論**，5（3）：123-142。

黃世鑫（2000）。跨世紀財政赤字問題：財政社會學之剖析。**華信金融季刊**，12：35-68。

黃世鑫、郭建中（2007）。自有財源與地方財政自主？地方自治內涵之省視。**政策研究學報**，7：1-33。

楊少強（2014）。4成縣市正失去機能：首度揭開財政黑洞。**商業周刊**，1379：118-126。

楊奕農（2009）。**時間序列分析：經濟與財務上之應用（第二版）**。臺北：雙葉書廊。

楊麗薇（1995）。**政府預算赤字與跨期預算平衡——臺灣個案**。逢甲大學經濟學研究碩士論文，未出版，臺中。

廖坤榮、吳秋菊（2005）。扛不起的未來：地方財政困境之研究——嘉義縣鄉鎮市案例分析。**公共行政學報**，14：79-124。

臺中市政府地政局（2013）。「**臺中市政府地政局開源及節流兩方面作法與具體成效**」，http://www.land.taichung.gov.tw/archive/82/file/%E5%9C%B0%E6%94%BF%E5%B1%80%E9%96%8B%E6%BA%90%E7%AF%80%E6%B5%81%E7%B8%BE%E6%95%88.pdf，查詢日期：2015年5月5日。

趙永茂、陳銘顯（2010）。我國地方與新都會發展的挑戰與回應。**研考雙月刊**，34（6）：23-32。

趙新峰（2011）。參與式預算模式實證研究：基於黑龍江省巴彥縣供水項目的成效分析。公共事務評論，12（2）：71-89。

劉志宏、郭乃菱（2012）。歲入多元化與歲入穩定之研究。**行政暨政策學報**，54：83-120。

審計部（2015）。**民國103年度績效報告**，http://www.audit.gov.tw/ezfiles/0/1000/attach/78/ pta_2797_7393297_47585.pdf。

蔡馨芳（2011）。**臺灣預算赤字之政經研究**（未出版之博士論文）。世新大學，臺北。

蘇建榮（2005）。**我國政府財政永續性之實證分析**。國立臺北大學社會科學院、

經濟學系主辦「第九屆經濟發展學術研討會」宣讀之論文（臺北）。

蘇建榮、陳怡如（2007）。**財政永續性與結構性變動之實證分析**。國立臺北大學公共事務學院主辦「公共事務論壇系列七：政黨輪替後政府財政預算之挑戰」宣讀之論文（臺北）。

蘇彩足（1996）。**政府預算之研究**。臺北：華泰書局。

蘇彩足（2008）。**政府透明化分析架構建立之研究**。行政院研究考核委員會委託研究報告，臺北。

二、英文部分

Abd Manaf, N. A. (2010). *The Impact of Performance Audit: the New Zealand Experience*. Master's thesis, School of Accounting and Commercial Law, Victoria University of Wellington.

Agranoff, R. & McGuire, M. (2003). *Collaborative Public Management: New Strategies for Local Governments.* Washington, D.C.: Georgetown University Press.

Alt, J. E. & D. D. Lassen (2006). "Transparency, Political Polarization, and Political Budget Cycles in OECD Countries." *American Journal of Political Science* 50 (3): 530-550.

Andrews, R., Boyne, G. A. Law, J. & Enticott, G. (2006). "Performance Failure in the Public Sector: Misfortune or Mismanagement?" *Public Management Review,* 8 (2): 273-96.

Andrews, R., Boyne, G. A. Law, J. & Walker, R. M. (2005). "External Constraints on Local Services Standards: The Case of Comprehensive Performance Assessment in English Local Government." *Public Administration,* 83 (3): 639-56.

Arestis, P., Cipollini, A & Fattouh, B. (2004). "Threshold Effects in the US Budget Deficit." *Economic Inquiry,* 42 (2): 214-222.

Argyris, C. & D. A, Schön (1996). *Organizational Learning.* 2nd ed. Malden, MA: Blackwell.

Aten, R. H. (1986). "Gross State Product: A Measure of Fiscal Capacity." In H. C. Reeves (Ed.), *Measuring Fiscal Capacity.* 87-140. Cambridge, MA: Lincoln Institute of Land Policy.

Bajo-Rubin, O., C. Díaz-Roldán & V. Esteve, (2010). "On the Sustainability of Government Deficits: Some Long-Term Evidence for Spain, 1850-2000." *Journal of Applied Economics,* 13 (2): 263-281.

Banerjee, A., J. Dolado, J. W. Galbraith, & D. F. Hendry (1993). *Cointegration, Error-Correction, and TheEconomitric Analysis of Non-stationary Data.* New York: Oxford University Press.

Barro, R. J. (1979). "On the Determination of Public Debt." *Journal of Political Economy,* 87: 940-971.

Barro, R. J. (1984b). "The Behavior of U.S. Deficits." *NBER Working Paper* No. 1309.

Barro, R. J. (1986). "U.S. Deficits since World War I." *Scandinavian Journal of Economics,* 88 (1): 195-222.

Bastida, F. & Benito, B. (2007). "Central Government Budget Practices and Transparency: An International Comparison." *Public Administration,* 85 (3): 667-716.

Beckett, J. & C. S. King. (2002). "The Challenge to Improve Citizen Participation in Public Budgeting: A Discussion." *Journal of Public Budgeting, Accounting and Financial Management,* 14 (3): 463-485.

Behn, R. (2001). *Rethinking Democratic Accountability,* Washington: Brookings Institution Press.

Bellver. A. & D. Kaufmann, (2005). *Transparenting Transparency: Initial Empirics and Policy Implications*. Policy Research Working Paper, World Bank, Washington, DC.

Bendor, J., Taylor, S. & Van Gaalen, R. (1985). "Bureaucratic Expertise versus Legislative Authority: A Model of Deception and Monitoring in Budgeting." *American Political Science Review,* 79 (4): 1041-1060.

Bideleux, R., (2011). "Contrasting Responses to the International Economic Crisis of

2008-2010 in the 11 CIS Countries and in the 10 Post-Communist EU Member Countries." *Journal of Communist Studies and Transition Politics,* 27 (3-4): 338-363.

Bingham, L. B., T. Nabatchi & R. O'Leary. (2005). "The New Governance: Practices and Processes for Stakeholder and Citizen Participation in the Work of Government." *Public Administration Review,* 65 (5): 547-558.

Blanchard, O. (1993). "Suggestions for a New Set of Fiscal Indicators." In Verbon, H. A. A. & Van Winden, F. A. A. M. (Eds)., *The Political Economy of Government Debt* (pp. 307-325).

Blanchard, O., J. C. Chouraqui, R. P. Hagemann, & N. Sartor, (1990a). "The Sustainability of Fiscal Policy: New Answers to an Old Question." *OECD Economic Studies,* 15: 7-36.

Borcherding, T., Burnaby, B., Pommerehne, W., & Schneider, F. (1982). "Comparing the efficiency of private and public production: The evidencefrom five countries." *Journal of Economics,* 2: 127-156.

Bouchaert, G. & B. Guy Peters (2002). "Performance measurement and management: the Achilles heel in administrative modernization." *Public Performance and Management Review,* 25 (4): 359-362.

Box, R. C. (1998). *Citizen Governance: Leading American Communities into the 21st Century.* Thousand Oaks, CA: Sage Publications.

Boyne, G. A. & Enticott, G. (2004). "Are the 'Poor' Different? The Internal Characteristics of Local Authorities in the Five Comprehensive Performance Assessment Groups." *Public Money and Management,* 24 (1):11-18.

Brown, K. W. (1996). "Trends in Key Ratios Using the GFOA Financial Indicators Databases 1989-1993," *Government Finance Review,* 12: 30-34.

Burger, P., (2003). "Fiscal Sustainability: the Origin, Development and Nature of the Issue." *Sustainable Fiscal Policy and Economic Stability: Theory and Practice,* 11-50.

Campos, J. E. & Pradhan, S. (1996). "Budgetary Institutions and Expenditure

Outcomes: Binding Governments to Fiscal Performance." **The World Bank: Policy Research Working Paper** No. 1646.

Campos, J. E. & Pradhan, S. (1999). "Budgetary Institutions and the Levels of Expenditure Outcomes in Australia and New Zealand." In J. M. Poterba & J. Von Hagen (Eds.), *Fiscal Institutions and Fiscal Performance* (pp. 233-263). Chicago: The University of Chicago Press.

Carmeli, A. & Cohen, A. (2001). "The Financial Crisis of the Local Authorities in Israel: A Resource-Based Analysis." *Public Administration,* 79 (4): 893-913.

Carmeli, A. (2008). "The Fiscal Distress of Local Governments in Israel: Sources and Coping Strategies." *Administration & Society,* 39 (8): 984-1007.

CBO, (2011). *The Budget and Economic Outlook: Fiscal Years 2011 to 2020,* Congressional Budget Office.

Chaney, B. A., Mead, D. M., & Shermann, K. R. (2002). "The New Governmental Financial Reporting Model: What It Means for Analyzing Government Financial Condition." *Journal of Government Financial Management,* 51 (1): 26-31.

Coase, R. H. (1988). *The Firm, The Market, and The Law.* Chicago: The University of Chicago Press.

Coe, Charles K. (2007). "Preventing Local Government Fiscal Crises: The North Carolina Approach." *Public Budgeting & Finance,* 27 (3): 39-49.

Coe, Charles K. (2008). "Preventing Local Government Fiscal Crisis: Emerging Best Practices." *Public Administration Review,* 28 (4): 759-767.

Dabrowski, M., (2009). "The Global Financial Crisis. Lessons for European Integration." *CASE Network Studies & Analyses* No. 384.

Daft, R. L. (2007). *Understanding the theory and design of organization.* Mason, OH: Thomson South-Western.

Davis, E. (1997). "The Evolution of Federal Spending Controls: A Brief Overview." *Public Budgeting & Finance,* 17 (3): 10-24.

Denhardt, J. V. & R. B. Denhardt (2007). *The New Public Service: Serving, Not Steering.* Armonk, NY: M.E. Sharpe.

Dubnick, M. (2005). "Accountability and the Promise of Performance: in search of Mechanisms." *Public Performance and Management Review,* 28 (3): 376-417.

Easterly, W. & Schmidt-Hebbel, K. (1991). "The Macroeconomics of Public Sector Deficits: A Synthesis." *Working Paper* WPS 775. Washington, D.C.: International Monetary Fund.

Easterly, W. & Schmidt-Hebbel, K. (1994). "Fiscal Adjustment and Macroeconomic Performance: A Synthesis." In Easterly, W., Rodriquez, C.A. & Schmidt-Hebbel, K. *Public Sector Deficits and Macro-Economic Performance* (pp. 15-78).

Ebdon, C. & A. L. Franklin (2006). "Citizen Participation in Budgeting Theory." *Public Administration Review,* 66 (3): 437-447.

Eisenhardt, K. (1989). "Agency Theory: An Assessment and Review." *Academy of Management Review,* 14 (1): 57-74.

Enders, W. (2004). *Applied Econometric Time Series.* New York: John Willey & Sons, Inc.

Engle, R. F. & C. W. J. Granger. (1987). "Cointegration and Error-Correction: Representation, Estimation and Testing." *Econometrica,* 55: 251-276.

Fairhead, J. & Leach, M. (1998). *Reframing Deforestation: Global Analysis and Local Realities.* London: Routledge.

Ferris, J. & Tang, S. (1993). "The New Institutionalism and Public Administration: An Overview." J*ournal of Public Administration: Research and Theory,* 3 (1): 4-10.

Fischer, F. (2003). *Reframing Public Policy: Discursive Politics and Deliberative Practices.* New York: Oxford University Press.

Florini, A. M. (1999). *"Does the Invisible Hand Need a Transparent Glove? The Politics of Transparency"* Paper prepared for the Annual World Bank Conference on Development Economics, April 28-30, Washington, D.C.

Fölscher, A., Krafchik, W. A., & Shapiro, I. (2000). *Fiscal Transparency and Participation in the Budget Process: South Africa: a Country Report.* Idasa.

Friedman, M. & Friedman, R. (1984). *Tyranny of the Status Quo,* N. Y.: Harcourt Brace Jovanovich.

Funkhouser, M. (2003). Governance and auditing, Local *Government Auditing Quarterly,* 17 (1), 3-4, available at http://www.nalga.org/qrtly/articles.html.

Funkhouser, M. (2011). "Accountability, Performance and Performance Auditing: Reconciling the Views of Scholars and Auditors." In J. Lonsdale, P., P. Wilkins and T. Ling (eds), *Performance Auditing: Contributing to Accountability in Democratic Government.* Edward Elgar Publishing, Inc. pp. 209-230.

Galbraith, J. K. (2007). *The New Industrial State,* 4th ed., Princeton University Press. Chapter XV. (pp. 207-222).

GASB. (1999). *Statement of the Government Accounting Standards Board No. 34: Basic Financial Statements – and Management's Discussion and Analysis – for State and Local Governments.* Corwalk, CT: GASB.

Gieve, J. & Provost, C., (2012). "Ideas and Coordination in Policymaking. The Financial Crisis of 2007-2009." G*overnance. An International Journal of Policy, Administration, and Institutions,* 25 (1): 61-77.

Gleich, H. (2003). "Budget Institution and Fiscal Performance in Central and Eastern European Countries." *ECB Working Paper* No. 215.

Glennerster, R. & Y. Shin (2008). "Does Transparency Pay?" *IMF Staff Papers*, 55 (1): 183-209.

Goetz, A. M. & R. Jenkins (2001). "Hybrid Forms of Accountability: Citizen Engagement in Institutions of Public-Sector Oversight in India." *Public Management Review,* 3 (3): 363-383.

Groves, S. M., Godsey, W. M. & Shulman, M. A. (1981). "Financial Indicators for Local Government," *Public Budgeting & Finance,* 1 (2): 5-19.

Guthrie J., Humphrey C., Jones L. & Olson O. (eds.) (2005). *International Public Financial Management Reform: Progress, contradictions and challenges,* Information Age Press, Greenwich , United States

Hakkio, C. S. & Mark Rush. (1991). "Is the Budget Deficit Too Large?" *Economic Inquiry,* 29 (3): 429-445.

Halachmi, A. & Bouckaert, G. (1994). "Performance Measurement, Organizational

Technology and Organizational Design." *Work Study,* 43 (3): 19-25.

Halachmi, A. (2002a). "Performance Measurement, Accountability, and Improved Performance." *Public Performance and Management Review,* 25 (4): 370-374.

Halachmi, A. (2002b). "Performance Measurement: A look at some possible dysfunctions." *Work Study,* 51 (5): 230-239.

Hallerberg, M., & J. von Hagen. (1999). "Electoral Institutions, Cabinet Negotiations, and Budget Deficits in the European Union." In James M. Poterba, and Jurgen von Hagen. (Eds), *Fiscal Institutions and Fiscal Performance* (pp. 209-232). Chicago: University of Chicago Press.

Hameed, F. (2005). *Fiscal Transparency and Economic Outcome.* IMF Working Paper WP/05/225, International Monetary Fund, Washington, DC.

Hamilton, James D. & M. A. Flavin. (1986). "On the Limitations of Government Borrowing: A Framework for Empirical Testing." *The American Economy Review,* 76 (4): 808-819.

Hansen, Lars P., W. Roberds & T. J. Sargent. (1991). "Time Series Implications of Present Value Budget Balance and of Martingale Models of Consumption and Taxes." *Rational Expectations Econometrics,* WestviewPress, Inc, 121-162.

Harrison, T. M. & Sayogo, D. S. (2013). "Open budgets and Open Government: Beyond Disclosure in Pursuit of Transparency, Participation and Accountability." *Proceeding of the 14th Annual International Conference on Digital Government Research.* pp. 235-244.

Haug, A. (1991). "Cointegration and Government Borrowing Constraints: Evidence for the United States." *Journal of Business & Economic Statistics,* 9 (1): 97-101.

Hendrick, R. (2004). "Assessing and Measuring the Fiscal Health of Local Government: Focus on Chicago Suburban Municipalities," *Urban Affairs Review,* 40: 78-114.

Hood, Christopher (1999). *Regulation Inside Government: Waste-Watchers, Quality Police, and Sleaze-busters.* Oxford: Oxford University Press.

Horn, M. J. (1995). *The Political Economy of Public Administration: Institutional choice in the public sector.* Cambridge University Press.

International Budget Partnership, (2002). *Index of Budget Transparency in Five Latin American Countries: Argentina, Brazil, Chile, Mexico and Peru,* available at http://internationalbudget.org/resources/LAbudtrans.pdf.

International Budget Partnership, (2008). *Open Budget Survey,* available at http://internationalbudget.org/. (2013/3/23)

International Budget Partnership, (2008). *Open Budgets Transform Lives: The Open Survey,* available at http://openbudgetindex.org/files/FinalFullReport English1.pdf.

International Budget Partnership, (2012). *Open Budget Survey,* available at http://internationalbudget.org/. (2013/3/23)

International Monetary Fund, (2007). *Manual on Fiscal Transparency,* Washington.

International Organization of Supreme Audit Institutions (INTOSAI), (2004). *Implementation Guidelines for Performance Auditing,* available at: www.intosai.org/Level3/Guidelines/3_AudStandComm/3_ImplGPerfAud_E.pdf.

Islam, R. (2003). "Do More Transparent Governments Govern Better?" *Policy Research Working Paper* 3077, World Bank, Washington, DC.

Jarmuzek, M. (2006). *Does Fiscal Transparency Matter? The Evidence from Transition Economies.* available at http://iweb.cerge-ei.cz/ pdf/gdn/RRCV_77_paper_03.pdf.

Jensen, M. & Meckling, H. (1976). "Theory of the Firm: Managerial Behavior, Agency Costs and Ownership Structure." *Journal of Financial Economics,* 3 (4): 305-360.

Jones, S. & Walker, R. (2007). "Explanators of Local Government Distress," *Abacus,* 43 (3): 396-418.

Kaplan, T. J. (1993). "Reading Policy Narratives: Beginnings, Middles, and Ends," In F. Fischer and J. Forester (Eds.), *The Argumentative Turn in Policy Analysis and Planning* (pp. 167-185). Durham, NC: Duke University Press.

Kattel, R. & Raudla, R. (2012). "The Baltic States and the Crisis of 2008-2010." Forthcoming in *Europe-Asia Studies.*

Kickert, W., (2012). "State Responses to the Fiscal Crisis in Britain, Germany and the Netherlands." *Public Management Review,* 14 (3): 299-309.

Kirchgässner, G. (2001). "The Effects of Fiscal Institutions on Public Finance: A Survey of the Empirical Evidence." *CESifo Working Paper* No. 617.

Kleine, R., Kloha, P. & Weissert, C. S. (2003). "Monitoring Local Government Fiscal Health: Michigan's New 10-Point Scale of Fiscal Distres," *Government Finance Review,* 19 (3): 18-24.

Kloha, P., Weissert. C. S. & Kleine, R. (2005). "Developing and Testing a Composite Model to Predict Local Fiscal Distress." *Public Administration Review,* 65 (3): 313-323.

Kopits, G. & Craig, J. (1998). "Transparency in government operations." *International Monetary Fund Occasional paper,* No. 158. [Online] available at http://www.imf. org/external/pubs/ft/op/158/op158.pdf.

Krejdl, Aleš. (2006). "Fiscal Sustainability-Definition, Indicators and Assessment of Czech Publi Finance Sustainability." *Working Paper Series 3,* Czech National Bank.

Krueathep, W. (2010). "Measuring Municipal Fiscal Condition: The Application of U.S.-Based Measures to the Context of Thailand." *International Journal of Public Administration,* 33 (5): 223-239.

Kweit, M. G. & Kweit, R. W. (1981). *Implementing Citizen Participation in a Bureaucratic Society: A Contingency Approach.* Praeger New York.

Kwiatkowski, D., Peter C. B. Phillips, Peter Schmidt & Y. Shin. (1992). "Testing the Null Hypothesis of Stationary Against the Alternative of a Unit Root." *Journal of Econometrics,* 54: 159-178.

Langlois, R. (1986). "The New Institutional Economics: A Introductory Essay." In R. Langlois. (Ed.), *Economics as a Process: Essays in the New Institutional Economics* (pp. 1-26). New York: Cambridge University Press.

Leeuw, F. L. & R. Sonnichsen (1994). "Evaluation and Organizational Learning: International Perspectives." In Frans Leeuw, Ray C. Rist and Richard Sonnichsen (eds), Can Governments Learn? *Comparative Perspectives on Evaluation and Organizational Learning, Transaction Publishers.*

LeLoup, L. T. (1988). "From Microbudgeting to Macrobudgeting: Evolution in Theory and Practice." In I. Rubin (Ed.), *New Directions in Budget Theory* (pp. 19-42). Albany, N. Y.: Suny Press.

Levin, C. H. (1978). "Organizational Decline and Cutback Management." *Public Administration Review,* 38 (4): 316-325.

Levine, C. H. (1979). "More on Cutback Management. Hard Questions for Hard Times." *Public Administration Review,* 39 (2): 179-183.

Levine, C. H., Rubin, I. S. & Wolohojian, G. G. (1981). *The Politics of Retrenchment: How Local Governments Manage Fiscal Stress* (Sage, Beverly Hills).

Lipnick, L. H., Rattner, Y., & Ebrahim, L. (1999). "The Determinants of Municipal Credit Quality." *Government Finance Review,* December, 35-41.

Lodge, M. & Hood, C., (2012). "Into an Age of Multiple Austerities? Public Management and Public Service Bargains across OECD Countries." *Governance,* 25 (1): 79-101.

Lonsdale, J., & Bechberger, E. (2011). "Learning in an accountability setting." In J. Lonsdale, P. Wilkins, & T. Ling (Eds.), *Performance auditing: Contribution to accountability in democratic government.* Cheltenham: Edward Elgar. Ch13 pp. 268-288.

Lucas, Jr. R. E. & N. L. Stokey. (1983). "Optimal Fiscal and Monetary Policy in An Economy Without Capital." *Journal of Monetary Economics,* 21 (1): 55-93.

Maddala, G. S. & I. Kim. (1998). *Unit Roots, Cointegration, and Structural Change.* Cambridge: Cambridge University Press.

March, J. & Olson, J. (1984). "The New Institutionalism: Organizational Factors in Political Life." *American Political Science Review,* 78 (3): 734-749.

Marinheiro, C. F. (2006). "The Sustainability of Portuguese Fiscal Policy from a Historical Perspective," *Empirica,* 33 (2-3): 155-179.

Marquette, J. F., Marquette, R. P., & Hinckley, K. A. (1982). "Bond Rating Changes and

Urban Fiscal Stress: Linkage and Prediction." *Journal of Urban Affairs,* 4 (1): 81-95.

Massey, A., (2011). "Nonsense on Stilts. United Kingdom Perspectives on the Global Financial Crisis and Governance." *Public Organization Review,* 11: 61-75.

Miller, G. J. (1992). *Managerial Dilemmas: The Political Economy of Hierarchy.* Cambridge: Cambridge University Press.

Missale, A. (1997). "Managing the Public Debt: The Optimal Taxation Approach." *Journal of Economic Survey,* 11 (3): 235-265.

Moynihan, D. P. (2005). "Goal-Based Learning and the Future of Performance Management." *Public Administration Review,* 65 (2): 203-216.

Nalbandian, J. (1994). "Reflections of a 'pracademic' on the logic of politics and administration." *Public Administration Review,* 54: 531-536.

Niskanen, W. A. (1971). *Bureaucracy and Representative Government,* Chicago, IL: Aldine-Atherton.

Nollenberger, K., Groves, S. M. & Valente, M. G. (2003). *Evaluating Financial Condition: A Handbook for Local Government,* Washington, DC, International City/County Managers Association.

North, D. C. & Weingast, B. R. (1989). "Constitutions and Commitments: The Evolution of Institutions Governing Public Choice in Seventeenth-Century England." *Journal of Economic History,* 49 (4): 803-832.

North, D. C. (1990). *Institutions, Institutional Change and Economic Performance.* Cambridge: Cambridge University Press.

Nutley, S. & Webb, J. (2000). "Evidence and the policy process." In Davies, H., Nutley, S. and Smith, P. (eds.). *What Works? Evidence-Based Policy and Practice in Public Services.* Bristol, UK: The Policy Press, p. 31-41.

Olson, O., Guthrie, J., & C. Humphrey, (1998). "International Experiences with Financial Management Reforms in the World of Public Services New World? Small World? Better World?" In *Global Warning: Debating International Developments in New Public Financial Management,* Olson, O., Guthrie, J., and

C. Humphrey, eds. Bergen, Norway: Cappelen Akademisk Forlag, 17-48.

Ostrom, E. (1986). "A Method of Institutional Analysis." In F. X. Kaufman, G. Majone, & V. Ostrom. (Eds), *Guidance, Control, and Evaluation in the Public Sector* (pp. 459-475). Berlin: de Gruyter.

Overmans, T. & M. Noofdergraff (2014). "Managing Austerity: Rhetorical and Real Responses to Fiscal Stress in Local Government," *Public Money & Management,* 34 (2): 99-106.

Padovani, E., Rossi, F. M. & Orelli, R. L. (2010). "The Use of Financial Indicator to Determine Financial Health of Italian Municipalities," EGPA 2010 Conference – Study Group 5 "Regional and Local Government"

Pammer, W. J. (1990). *Managing fiscal strain in major Americancities: Understanding retrenchment in the public sector.* Westport, CT: Greenwood Press.

Pandey, S. K. (2010). "Cutback Management and the Paradox of Publicness." *Public Administration Review,* 70 (4): 564-571.

Payne, J. E., H. Mohammadi & M. Cak. (2008). "Turkish Budget Deficit Sustainability and the Revenue-Expenditure Nexus." *Applied Economics,* 40: 823-830.

Peters, B. G., (2011). "Governance Responses to the Fiscal Crisis. Comparative Perspectives." *Public Money & Management,* 31 (1): 75-80.

Peters, B. G., Pierre, J. & Randma-Liiv, T., (2011). "Economic Crisis, Public Administration and Governance. Do New Problems Require New Solutions?" *Public Organization Review,* 11 (1): 13-27.

Peters, B. G. (1991). "The European Bureaucrat: The Applicability of Bureaucracy and Representative Government to Non-American Settings." In A. Blais & S. Dion. (Eds), *The Budgeting – Maximizing Bureaucrat, Appraisals and Evidence* (pp. 303-353). Pittsburgh: University of Pittsburgh Press.

Petersen, J. E. (1980). "Changing Fiscal Structure and Credit Quality." In C. Levin & I. S. Rubin (Eds.) *Fiscal Stress and Public Policy,* 179-199. Beverly Hills, CA: Sage Publications.

Philipps, L. & Stewart, M. (2009). "Fiscal Transparency: Global Norms, Domestic

Laws, and the Politics of Budgets." *Brooklyn Journal of International Law,* 34 (3): 797-859.

Pollitt, C. (2010). "Cuts and Reforms – Public Services as We Move into A New Era." *Society and Economy,* 32 (1): 17-31.

Posner, P. & Blöndal, J., (2012). "Democracies and Deficits. Prospects for Fiscal Responsibility in Democratic Nations." *Governance,* 25 (1): 11-34.

Poterba, J. M. & Von Hagen, J. (Eds). (2008). *Fiscal Institutions and Fiscal Performance.* Chicago, IL: University of Chicago Press.

Quintos C. E. (1995). "Sustainability of the Deficit Process with Structural Shifts." *Journal Business & Economic Statistics,* 13: 409-417.

Raudla, R., K. Taro, C. Agu & J. W. Douglas (2015). "The Impact of Performance Audit on Public Sector Organizations: The Case of Estonia." *Public Organization Review,* 7: 1-17.

Reinikka, R. & J. Svensson. (2004). "The Power of Information: Evidence from a Newspaper Campaign to Reduce Capture." *Policy Research Working Paper* 3239, World Bank, Washington, DC.

Renzio P. & H. Masud (2011). "Measuring and Promoting Budget Transparency: The Open Budget Index as a Research and Advocacy Tool." *Governance,* 24 (3): 607-616.

Ritonga, I. T., Clark, C. & Wickremasinghe, G. (2012). "Assessing Financial Condition of Local Government in Indonesia: An Exploration." *Public and Municipal Finance,* 1 (2): 37-50.

Roberts, N. C. (2002). "Keeping public officials accountable through dialogue: resolving the accountability paradox.," *Public Administration Review,* 62 (6): 658-669.

Rossmann, D. & E. A. Shanahan (2012). "Defining and Achieving Normative Democratic Values in Participatory Budgeting Processes." *Public Administration Review,* 72 (1): 56-66.

Rubin, I. (1992). "Theory, Concepts, Methods, and Issues." In J. Rabin, (Ed.),

Handbook of Public Budgeting (pp. 3-22). New York: Marcel Dekker, Inc.

Said, S. E. & D. A. Dickey. (1984). "Testing for Unit Roots in Autogressive-Moving Average Models of Unknown Order." *Biometrica,* 71: 599-607.

Savi, R., & Randma-Liiv, T. (2013). "Literature Reviewon Cutback Management," *COCOPS* Workpackage 7 Deliverable 1. from http://www.cocops.eu.

Schick, A. (1986). "Macro-Budgetary Adaptations to Fiscal Stress in Industrialized Democracies." *Public Administration Review,* 46 (2): 12-34.

Schick, A. (1998). *A contemporary approach to public expenditure management.* Washington, DC: The World Bank.

Sedmihradská, L. & Hass, J. (2012). "Budget Transparency and Fiscal Performance: Do Open Budgets Matter?" *MPRA paper,* available at http://mpra.ub.uni-muenchen. de/id/eprint/42260.

Shah, A. (2007). *Performance Accountability and Combating Corruption.* Washington, DC: World Bank.

Sirianni, C. (2009). *Investing in Democracy: Engaging Citizens in Collaborative Governance.* Brookings Institution Press.

Stivers, C. (1990). "The Public Agency ad Polis: Active Citizenship in the Administrative State." *Administration & Society,* 22 (1): 86-105.

Stone, D. (2002). *Policy Paradox: The Art of Political Decision Making.* Rev. ed. New York: W.W. Norton.

Strauch, R. R. & Von Hagen, J. (Eds). (2000). *Institutions, Politics and Fiscal Policy.* ZEI Studies in European Economics and Law, Vol. 2. Boston, MA, Kluwer Academic Publishers.

Thynne, I., (2011). "Symposium Introduction. The Global Financial Crisis, Governance and Institutional Dynamics." *Public Organization Review,* 11: 1-12.

Trehan, B. & C. E. Walsh. (1988). "Common Trends, Intertemporal Budget Balance, and Revenue Smoothing." *Journal Economic Dynamic Control,* 12: 425-444.

Trehan, B. & C. E. Walsh. (1991). "Testing Intertemporal Budget Constraints: Theory and Applications to U.S. Federal Budget and Current Account Deficits." *Journal of Money,* Credit, and Banking, 23: 206-223.

U.S. Government Accountability Office (GAO) (2001). *Managing for Results: Federal Managers Views on Key Management Issues Vary Widely Across Agencies.* GAO-03-454. Washington, DC: GAO.

Van de Walle, S. & Jilke, S., (2012). "Savings in Public Services. A Multilevel Analysis of Public Preferences in the EU27," *COCOPS* Working Paper No. 8.

Van der Meer, F.-B., & Edelenbos, J. (2006). "Evaluation in multi-actor policy processes." *Evaluation,* 12 (2), 201-218.

Verick, S. & Islam, I., (2010). "The Great Recession of 2008-2009. Causes, Consequences and Policy Responses." Institute for the Study of Labor. Discussion Paper No. 4934.

Vishwanath, T. & Kaufmann, D. (1999). "Toward Transparency in Finance and Governance." *The World Bank Paper.* Website: http://www.worldchang ing.com/archives/008559.html.

von Hagen, J. & Harden, I. J. (1995). "Budget Processes and Commitment to Fiscal Discipline." *European Economic Review,* 39 (3-4): 771-779.

von Hagen, J. (1992). "Budgeting Procedures and Fiscal Performance in the European Communities." *Economy Papers* No. 96: 1-79.

Von Hagen, J. (2002). "Fiscal Rules, Fiscal Institutions, and Fiscal Performance." *The Economic and Social Review,* 33 (3): 263-284.

Walsh, A. H. (1996). "Performance auditing and legislative oversight in the context of public management reform: The US experience." In OECD (ed.), *Performance Auditing and the Modernisation of Government,* Paris: OECD.

Walzer, N., Jones, W., Bokenstrand, & Magnusson, H. (1992). "Choosingfiscal austerity strategies." In P.E. Mouritzen (Ed.), Managing cities inausterity: *Urban fiscal stress in ten Western countries* (pp. 138-168). London: Sage.

Wang, X., L. Dennis & Y. S. Tu (2007). "Measuring Financial Condition: A Study of U.S. States." Public Budgeting & Finance, 27 (2): 1-21.

Wang, X.. (2010). *Financial Management in the Public Sector: Tools, Applications, and Cases.* 2nd ed, New York: M.E. Sharpe, Inc.

Weiss, C. (1979). "The many meanings of research utilization." *Public Administration Review,* September/October, p. 426-31.

Weiss, C. (1998). *Evaluation* (2nd ed.). New Jersey: Prentice- Hall.

White, J. & Wildavsky, A. (1989). *The Deficit and the Public Interest: the search for responsible budgeting in 1980s.* University of California Press, The Russell Sage Foundation.

Wilcox, D. W. (1989). "The Sustainability of Government Deficits: Implications of the Present-Value Borrowing Constraint." *Journal of Money, Credit, and Banking,* 21: 291-306.

Wilkins, P., & Lonsdale, J. (2007). "Public sector auditing for accountability: New directions, new tricks?" In M.-L. Bemelmans-Videc, J. Lonsdale, & B. Perrin (Eds.), *Making accountability work: Dilemmas for evaluation and for audit.* New Jersey: Transaction.

Williamson, O. (1975). *Markets and Hierarchies: Analysis and Antitrust Implication.* New York: Free Press.

Wolman, H. (1980). "Local government strategies to cope with fiscal pressure." In C. Levine & I. S. Rubin (Eds.), *Fiscal stress and public policy* (pp. 231-248). Beverly Hills, CA: Sage.

Wu, J. L. (1998). "Are Budget Deficits 'Too Large'?: The Evidence From Taiwan." *Journal of Asian Economics,* 9 (3): 519-528.

Yang, K. F. & K. Callahan (2007). "Citizen Involvement Efforts and Bureaucratic Responsiveness: Participatory Values, Stakeholder Pressures and Administrative Practicality." *Public Administration Review,* 67 (2): 249-264.

Yanow, D. (2000). *Conducting Interpretive Policy Analysis.* Newbury Park. CA: Sage.

Zafra-Gómez, J. L., López-Hernández, A. M. & Hernández-Bastida, A. (2009). "Developing a Model to Measure Financial Condition in Local Government," *The American Review of Public Administration,* 39 (4): 425.

Zee, H. H. (1988). "The Sustainability and Optimality of Government Debt." *IMF Staff Papers,* 35 (4): 658-685.

國家圖書館出版品預行編目資料

臺灣的財政治理：緊縮時代政治經濟、財務管
理與公民課責之研究 / 蔡馨芳著. -- 初版.
-- 臺北市：五南，2017.03
　　面；　　公分.
ISBN 978-957-11-9087-7(平裝)
1.國家財政 2.政治經濟 3.財務管理 4.臺灣
565.33　　　　　　　　　106003111

4P04

臺灣的財政治理
——緊縮時代政治經濟、財務管理與公民課責之研究

作　　者 — 蔡馨芳(367.9)

發 行 人 — 楊榮川

總 經 理 — 楊士清

副總編輯 — 劉靜芬

責任編輯 — 吳肇恩

封面設計 — P.Design視覺企劃

出 版 者 — 五南圖書出版股份有限公司

地　　址：106台北市大安區和平東路二段339號4樓

電　　話：(02)2705-5066　　傳　　真：(02)2706-6100

網　　址：http://www.wunan.com.tw

電子郵件：wunan@wunan.com.tw

劃撥帳號：01068953

戶　　名：五南圖書出版股份有限公司

法律顧問　林勝安律師事務所　林勝安律師

出版日期　2017年3月初版一刷
　　　　　2017年6月初版二刷

定　　價　新臺幣320元